史家胡同

陈大鹏　陈志坚◎主编

王兰顺◎执行主编

人民出版社

责任编辑:方国根　段海宝

图书在版编目(CIP)数据

史家胡同/陈大鹏,陈志坚 主编. —北京:人民出版社,2017.4
ISBN 978－7－01－017421－1

Ⅰ.①史… Ⅱ.①陈…②陈… Ⅲ.①胡同-介绍-东城区 Ⅳ.①K921

中国版本图书馆 CIP 数据核字(2017)第 040393 号

史家胡同

SHIJIA HUTONG

陈大鹏　陈志坚　主编

王兰顺　执行主编

人民出版社 出版发行

(100706 北京市东城区隆福寺街 99 号)

北京汇林印务有限公司印刷　新华书店经销

2017 年 4 月第 1 版　2017 年 4 月北京第 1 次印刷
开本:710 毫米×1000 毫米 1/16　印张:21.5
字数:190 千字　印数:0,001-7,000 册

ISBN 978－7－01－017421－1　定价:65.00 元

邮购地址 100706　北京市东城区隆福寺街 99 号
人民东方图书销售中心　电话 (010)65250042　65289539

目　录

第 5 章　名人荟萃

绪　言

北京的每条胡同都可以写一部书，但是着笔写胡同的故事又绝非易事，因为北京的每条胡同本身就是一部书，所以必须先细细品读之后才能着笔。

史家胡同历史悠久，积淀深厚，对其历史文化调查，主要是通过研究档案史料、进行实地走访，并深入挖掘口述史料的漫长过程。

史家胡同是北京自明朝以来名称最为稳定的老胡同之一。胡同中大量保存了许多规制完好的四合院群落，散发着北京的历史文化气息，承载着北京的文化魅力。

史家胡同的宝贵价值是需要人们从不同维度、不同层次、不同视角去审视和发掘的。在几百年漫长的岁月里，它在北京古都的政治、历史、文化、军事、建筑、教育、外交、医学、艺术、民俗等各个领域都留下了浓墨重彩的记录，可谓是中国近现代文明史的一个缩影。

对史家胡同人文历史价值的深度挖掘与呈现，可以让我们超越学术概念和思维惯性的束缚，以微观并直观的视角来阅读历史，去感受一种有血有肉、生动鲜活的文明史，而这种文明价值的重新发现与回归，将有助于中华民族在新的价值体系建设中寻找到源自内心的文化自信。随着岁月的消逝，文明的物质载体难免会遭受侵蚀毁坏，但文明的精神当永远传承不朽。

本书以史家胡同的地理环境、发展脉络、文化底蕴以及独具特色的人文气质为基点，从史家胡同的历史变迁、文化积淀和发展烙印三方面展开笔序，以北京的社会发展和城市变迁为大背景，以北京传统文化为基础，以不同阶段生活在史家胡同居民的物质生活和精神生活为支撑，展示史家胡同文化特质的形成、变化和发展，以及史家胡同地处首都政治、文化、经济的核心地带，在北京城中所彰显的典型性和特殊性，并以史家胡同的历史变迁为坐标，将视线延伸至北京城市的历史发展。同时，以管窥史家胡同独特的历史文化特质为起点，记录胡同发展、保护的过程，展望胡同的未来发展，让人们了解史家胡同的过去、现在、未来，唤起人们对故土亲情的那份认知度、归属感和自豪感，传承史家胡同悠久的文化记忆。

如果我们展开北京的老地图就会发现在北京的历史上曾经有三条史家胡同，位置分别在广安门外、崇文门外和朝阳门内。我们这里说的史家胡同，坐落于东城区，东起朝阳门南小街，西至东四南大街，属北京市东城区朝阳门街道辖区。这条胡同东段宽 7.5 米，中段宽 9.5 米，西段宽 12.4 米，胡同总长 756 米。

当我们展开史家胡同的档案史料，胡同里掩藏的那些历史故事就会呈现在眼前，它原来有如此丰富深邃的内心世界啊。让我们赶快揭开它尘封已久的历史盖头，显露出它耀眼的真容吧！

一、元大都的遗珍

早在金朝灭亡后的至元三年（1266 年），刘秉忠受命在原金中都城东北设计建造一座新的都城。新城规模宏伟，工程浩大，在刘秉忠和张柔、段桢等人主持下，进展很快。至元八年（1271 年），忽必烈采纳刘秉忠取《易经》"大哉乾元"之意，将蒙古更名为"大元"的建议，从此命名了元王朝。至元十一年（1274 年）正月，由刘秉忠主持营造的元朝首都"元大都"的宫阙建成。

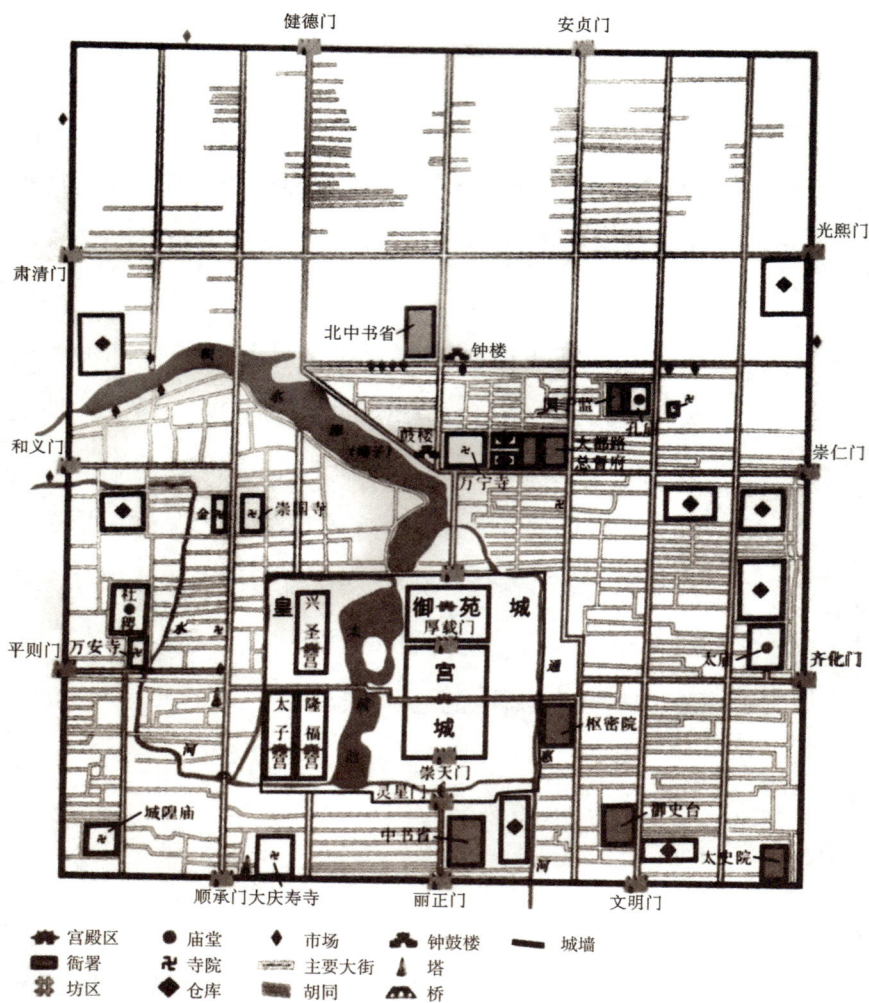

元大都复原图

在刘秉忠设计的元大都图上，已经清晰地标注了现在的史家胡同的位置，但当时并不叫史家胡同，而是叫什么火巷或什么胡同。作为支撑元大都城平铺的骨架之一，史家胡同的历史距今已经有七百多年了，其历史价值、科学价值和艺术价值不言而喻。

二、明史记载与现代考据

史家胡同在明朝属黄华坊，据传是因当地史姓大户而得名。早在明嘉靖年间（1522—1567 年）张爵撰著的《京师五城坊巷胡同集》中，"史家胡同"就赫然在目。坊间曾有一种说法，此处是明末名将史可法的祖宅。《明史·史可法列传》记载，史可法于崇祯元年（1628 年）考中进士，曾在北京任过户部主事、郎中等，后来升职到安徽。由于史可法的祖籍是在大兴县，而当时的大兴县即是以现在的东城区为中心的大片区域，而其祖上曾世袭锦衣卫正六品百户官职，其在位时极有可能将家安于此条胡同；同时，史家胡同也有可能曾存在史可法家族的祠堂。

在对史家胡同的走访调查中还发现，胡同东口路北现存的甬道西墙上还有许多明朝弘治年间（1488—1506 年）广顺窑的建筑用砖，成为了这条胡同明代遗迹的重要佐证之一。

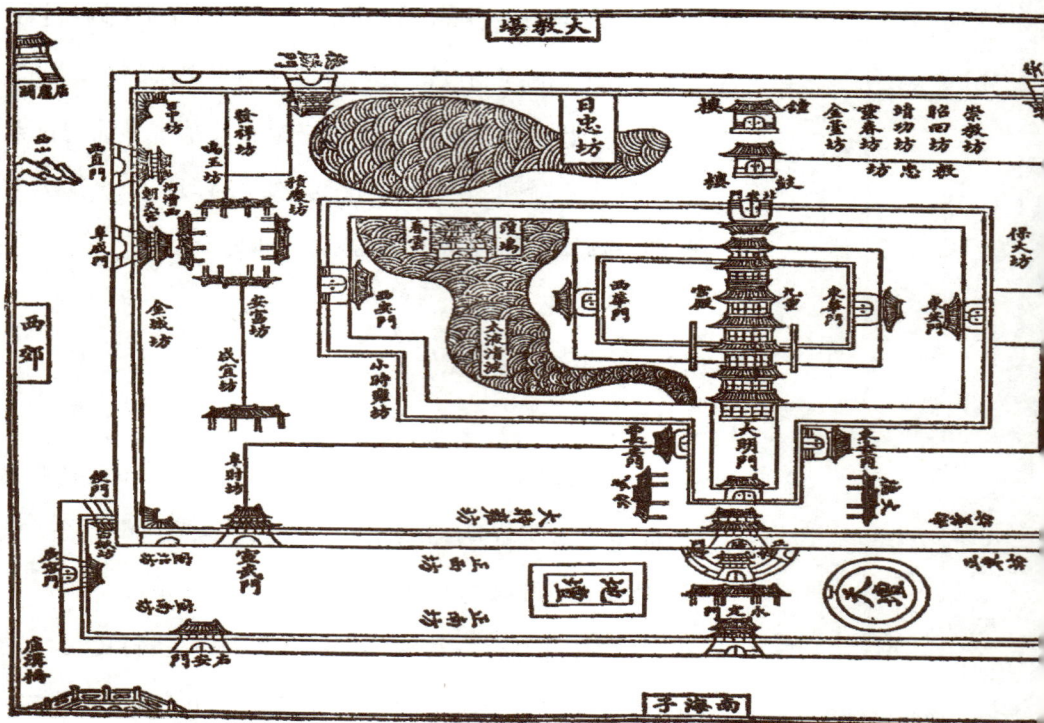

京师五城坊巷胡同集

广顺窑窑砖

三、八旗驻地与清史记载

清初，实行满汉分城而居的政策，北京内城为八旗驻地。据《京师坊巷志稿》记载，史家胡同当时属镶白旗管辖。又据清朝吴长元所撰写的《宸垣识略》卷五记载：小街之史家胡同、干面胡同、小哑巴胡同，为四参领之四佐领居址。

1750 年的乾隆京城全图标明了在史家胡同西口曾矗立着牌坊，虽然这座牌坊远不及它北边的东四牌楼，但它为我们研究这条胡同的规制、标志和用途提供了重要的历史信息。按图中描绘，进入这座牌坊向东，胡同里的一座座院落鳞次栉比，排列整齐。

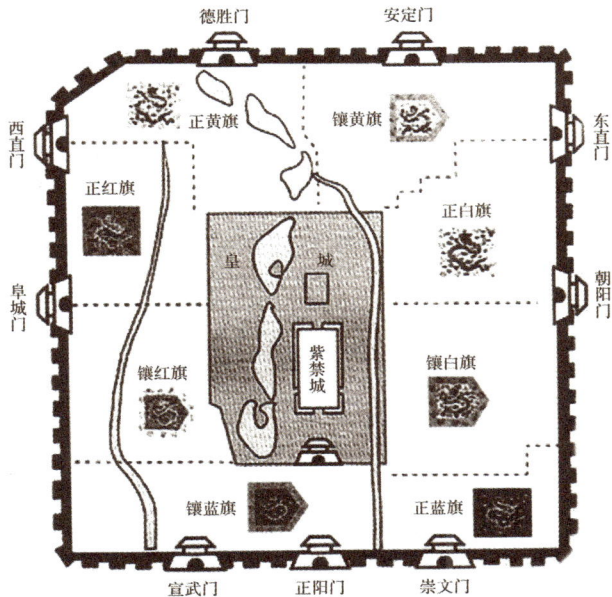

八旗驻地与《清史》记载

京城八旗分布图

11

四、民国时期的史家胡同

民国时期（1912—1949 年），史家胡同属内左二区，后称内一区。这一时期，由于不断的政权更迭，新的权贵大量涌入京师，争先将繁华的东城选为居住之地。史家胡同由于地理位置优越，宅第质量上乘，成为这些达官显贵的首选。

民国初年，丹麦公使馆坐落在胡同当中。而位于胡同西口的前清左翼宗学已改为市立第二中学校。1915年，经内务部批准，史家胡同的马路进行了翻修。解放前，史家胡同属于内城一区第十一派出所管辖。据1948 年的户口统计，当时史家胡同居民正户有 66 户，附户有 122 户，共计 188 户；加上铺户 5 户，外侨户 3户，共计 196 户。胡同内男丁 564 人，女口 587 人，共计 1151 人。

这一时期随着国内外形势的复杂多变，档案史料反映发生在史家胡同的历史事件和人文故事也最为丰富多彩。

五、新中国成立后的史家胡同

1. 区划调整之人换物转

中华人民共和国成立后，史家胡同在各方面都发

生了很大变化。一开始，隶属于东单区，东单区与东
四区合并后称为东城区。1952 年，史家胡同分为东片、
西片，分别成立了治保会。1958 年，分别成立了人民
公社和居委会。

1965 年整顿地名时，将胡同南侧的官学大院和京
华邨并入了史家胡同。"文化大革命"时期，史家胡同
曾一度改称瑞金路十八条。东片、西片居委会合并，成
立了瑞金路十八条居委会，"文化大革命"结束后，瑞
金路十八条的名字被撤销，恢复了史家胡同的名称，昔
日的瑞金路十八条居委会也改称为史家胡同居委会。

改革开放以后，史家胡同开始热闹起来。胡同内
有史家胡同幼儿园、史家胡同小学、好园宾馆、北京市
纺织公司招待所、北京电子系统工程公司、北京半导体
器件四厂、武警招待所等单位。20 世纪 90 年代末，汽
车在这条胡同开始多了起来。2000 年，史家胡同西口
路南因电信 55 局占地，使史家胡同 60 号至 92 号的成
片民居被拆迁。从此，这条古老的胡同不再完整。

史家胡同现在也和北京的其他胡同一样，涌进了
不少外来人口。2011 年，史家胡同社区统计的户数为
1244 户，有 5 栋居民楼和 82 个院落，人数为 3562 人，
6 岁以上人口 2545 人；社区有流动人口 809 人；其中大
专学历以上的为 1258 人，占 6 岁以上人口比例的 50%。

如今，在史家胡同的东、西口两侧商铺林立，胡

同内传统建筑鳞次栉比。史家胡同基本保留着北京内城胡同传统的历史形态，可以说它是北京内城传统胡同的活标本。

基于史家胡同的地利优势和人文环境，来到这里居住、游览的外国人比较多，光是在这条胡同的涉外宾馆就有好几处，走在胡同里随处都能看到洋人的身影。这条本有洋味儿的胡同，而今在传统文化载体的映照下，它的洋气更足了。

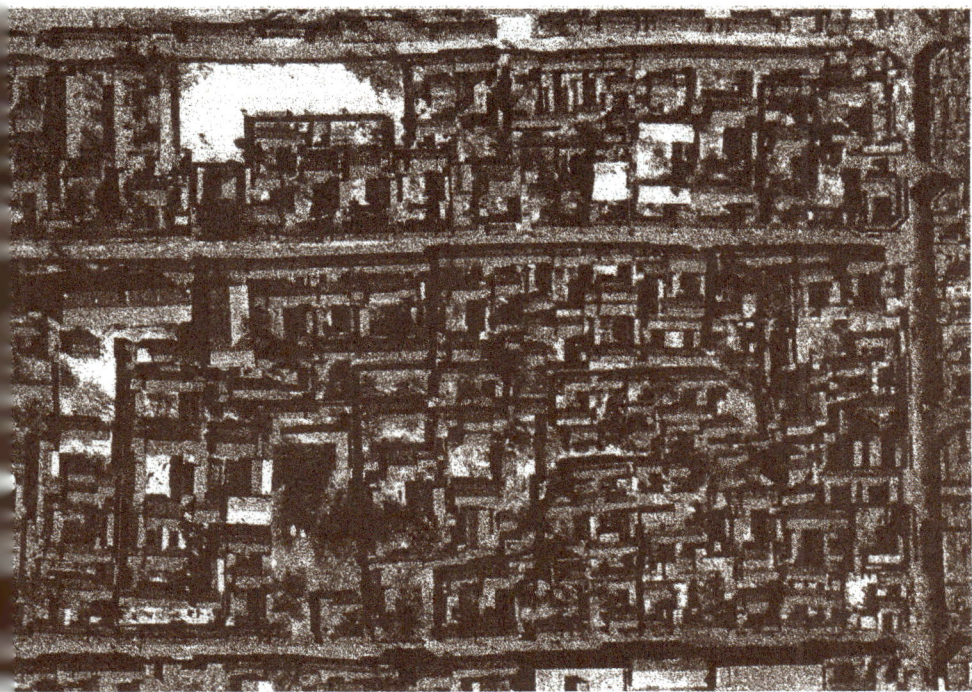

1959年摄影　比例1：500　北京市测绘设计研究院编制

2. 成为胡同文化的代表

北京胡同最好的保护时机应该是 20 世纪的 50 年代、60 年代。20 世纪 90 年代，北京胡同的原生态受到了很大破坏。大杂院里的生活，确实很不方便。人们自然而然地想住有暖气、有洗手间，什么都很方便的楼房。所以，在胡同里的院落已经变成大杂院的情况下，谈何胡同代表北京真正的历史文化？而今，过去的许多胡同都成为遗址了。

在这种情况下，史家胡同的许多居民院不仅保持

15

朝阳门街道史家社区辖区图

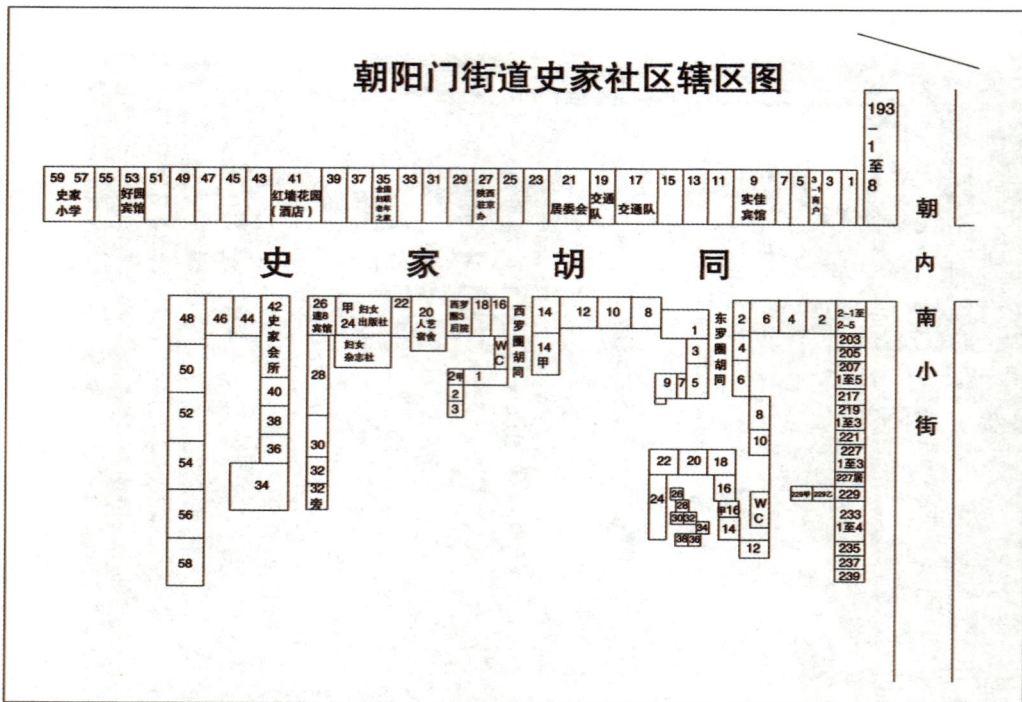

史家胡同社区辖区图

2009 年史家胡同航拍图

了老北京的历史形态，还基本保持了老北京原生态的生活方式，实属不易。走在这条胡同里的感觉是文化和人还可以融结在一起，没有脱节。其实，北京的胡同文化本来就是原生态自然而然发展出来的一种真正文化。史家胡同文化的原生态，就是文化、生活和地域融在一起的自然的生态，所以，史家胡同就像一座原生态的博物馆，这就是它应当保留的价值所在。

而今，这里的居民们不但热心于社区丰富多彩的文娱活动，还有保护古都风貌、改善社区环境的美好愿望。

史家胡同现有史家小学、《中国妇女》杂志社、中国妇联老干部活动中心、红墙花园酒店、速 8 酒店、红都实佳青年旅社、东单交通队、社区居委会等单位；还有三家涉外宾馆和酒店。胡同旧有的历史风貌经常吸引慕名而来的境内外游客参观，胡同中的学校、四合院等诸多的文化元素构成了京城得天独厚的旅游资源，为世界了解北京的胡同文化和生活形态提供一个窗口。

红都实佳青年旅社门前

下面就让我们走进这条笔直的胡同，仰望那些古老的建筑遗存，引领我们穿越时间和空间，去接近前人的现实情怀，揭开在那些青砖背后、屋檐下面隐藏着的故事吧！

第 2 章
胡同浏览

一、胡同里的小胡同

走在史家胡同，你会发现路南还有一些小胡同。从东向西数，分别为东罗圈胡同、西罗圈胡同，在胡同路北的一座楼房对面有一条死胡同，过去曾叫"官学大院"。再向西，在现门牌51号对面还有一条只剩下东半侧的胡同，过去这里以西就叫"京华邨"。

二、新旧门牌的变化

史家胡同与北京的其他胡同一样，都经历了1965年的地名整治和重新编制门牌号。1965年以前，史家胡同的门牌号是由东口路北依次开始数的，数到东口为28号（老门牌），再由胡同西口路南开始向东数，数到东口为64号（老门牌）。

史家胡同内原官学大院胡同

1965 年以后，经过重新编制的门牌变成了单、双号，即路北为单号，路南为双号。路北的门牌由东数到西为 59 号。路南由于将"官学大院"、"京华邨"的名称取消，其院落门牌全都吸纳为史家胡同的门牌，所以路南的门牌号远比路北的门牌号多，最多时曾达到 90

号以外。又由于路南西口建起西式高楼，将原本的胡同拆除，所以路南的胡同门牌号就到了 58 号。

三、胡同的东口和西口

史家胡同的东口和西口变化很大。其东口是南小街，南小街也是元大都就有的老街，由于是众多胡同的巷口，所以过去有许多提供人们生活必需品的商铺密集，车来车往，人头攒动，经常会出现堵车的现象。史家胡同东口路北，过去有一家诊所非常有名，路南是一家油盐店，由于疏解交通进行扩路，拆除了分别位于胡同东口路南、路北的这两座房屋。

史家胡同西口变化最大，由于地处东单商业街，商铺林立，路窄车多，大街上熙熙攘攘，商铺也是经常变换新的花样。正是由于这样，这条大街经过了数次拓宽。由于拓宽马路的需要，原位于西口路北的史家祠堂遗址被拆除。位于西口路南原"京华邨"的大片胡同也由于建设西式楼房被拆除。

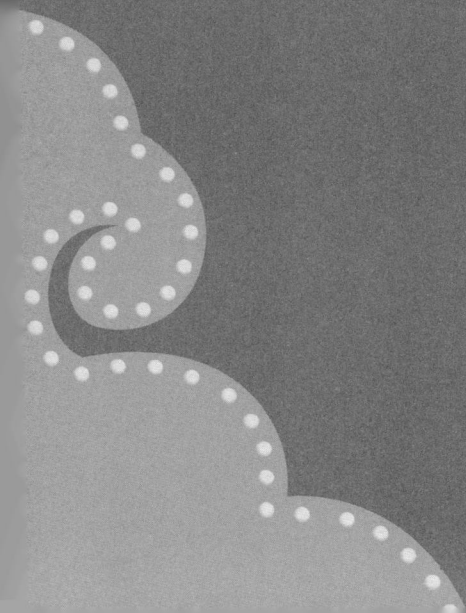

遗迹寻踪

提起史家胡同的古迹，史料记载这里曾有清朝位高权重的大学士宅、大臣宅，以及与教育结缘的左翼宗学等，其中无数耐人寻味的佳话传唱至今。墨香缭绕，诗书朗朗的氛围给这条胡同带来了特有的雅致与风骨。

一、从左翼宗学到史家胡同小学

现在史家胡同最出名的，当属史家胡同小学。多数北京人在谈及这所学校的时候，都会将其冠以贵族学校的称呼，不管是在这里上学的孩子还是这些孩子的家长往往都会流露出一种荣耀感，这些孩子走在街上也会引来很多羡慕的目光。而史家胡同小学的高贵之处也真的是由史而来。

据记载，清朝左翼宗学于雍正二年闰四月初五（1724 年 5 月 27 日）建于史家胡同史家祠堂故址。左翼宗学实际上就是清朝宗室的子弟学校，专门招收八旗左翼的镶黄、正白、镶白、正蓝四旗子弟入学。1898年戊戌变法后引入新学，左翼宗学改建为左翼八旗第五初等小学堂。1910年3月，又改为左翼八旗中学堂。

左翼宗学老校门

1912年，中华民国成立后，左翼八旗中学堂改为京师公立第二中学校，继而又改名为北京市立第二中学、北平市立第二中学。为了扩大办学规模，1936年11月1日，北平市立第二中学由史家胡同迁入与史家胡同一街之隔的内务部街，即原军阀段祺瑞政府的内务部公署故址。现在的北京二中已成为北京市乃至全国著名的学校。

1939年前后，史家胡同小学在北平市立第二中学

北京二中

的故址建立，校园大致分为两部分，一部分为西面的操场和操场北面的小院；另一部分在东面，面积较大，分为里外两个院落，排列着教室和礼堂。

1949 年以后，段乃吾任史家胡同小学校长，1954年他升迁到北京市教育局任工会主席，其太太赵香蘅接任史家胡同小学校长，夫妇二人没有后代，将全部精力都投入在教育事业中，使史家胡同小学的办学质量不断提高。

1. 被合并到史家胡同小学的那座院落

据记载，在左翼宗学东侧有一座焦家大院，而在焦家大院西侧还有一座不大的院落，应该为原焦家大院

北京市立史家胡同小学第一班毕业生师生合影 廿九年七月

1940年史家小学毕业生合影

赵香蘅

的一部分。据史料记载：1926 年 8 月 6 日，京师兆合办城郊卷烟吸户捐总局办公处迁移史家胡同 27 号作为职所办公处所，交通既属便利，房屋亦甚合宜。

不知这座"城郊卷烟吸户捐总局办公处"在此到底待了多久，而在抗战胜利后，这里已经由中年的回族女律师马荃一家居住，而这个祖籍河北河间的马律师在天津十区另有住处。其不再北平时，则由她的外甥女，供职于北平儿童医院的哈文莲料理家务。

史家胡同老门牌 27 号，既是现在的名牌 57 号，新中国成立后被圈并到史家胡同小学院内，使史家胡同小学进一步扩大了面积，形成了现在的规模。

2. 史家胡同小学轶事

20 世纪 50 年代，史家胡同小学操场并不大，体育课的跑步测试，往往是在史家胡同里进行的。起跑线设在学校大门东侧，向东有一个 60 米的标志，再向东有一个 100 米的标志。400 米的标志线画在人民艺术剧院宿舍大门口偏西一点的墙上。如果是长跑，就要从史家胡同跑到北侧的内务部街转一圈再回来。那时候，感觉胡同和学校就是一个整体，学生们只要跑步，就到胡同去，分队站在起跑线上，老师站在终点线，挥旗子的同时一吹哨，孩子们就开始跑。这些 60 米、100 米、400 米的标志线在胡同里一直保留到"文化大革命"期间。

由于教学质量高，1959 年在人民大会堂召开的

史家小学门前

"群英会"上，时任北京市委书记的彭真为史家胡同小学颁发了一面"红旗学校"的锦旗。

1960 年前后，史家胡同小学与国外校际之间的友好往来愈加频繁。1962 年，由于学校地理位置适宜，受中国外交部的委托，史家胡同小学安排了老挝王国政府三个大臣的十个子女入学。为了让这些孩子受到较好的教育并对其安全负责，史家胡同小学特地安排了政治历史上没有任何问题、表现好、业务能力强的老师负责这些孩子所在班级的教学工作；同时，中国外交部也安排两名党员干部随堂听课、负责接送，并做课外辅导工作。

"文化大革命"前，由于校舍紧张，师资力量不够，史家胡同小学的课程设为二步制，即从一年级到四年级上半天课，五年级以后才上整天课。

"文化大革命"中，史家胡同小学成为重灾区，曾任校长的段乃吾和时任校长的赵香蘅夫妇惨遭迫害。段乃吾先期自尽，赵香蘅被一名高干子女带来的红卫兵小将团团围住，将垃圾筐扣在她的头上，衣服上泼满了蓝、红墨水，不堪受辱的赵校长于次日从高耸的烟囱上跳下身亡。

"文化大革命"结束后，1978 年 2 月 12 日，史家胡同小学被北京市确定为重点小学。1980 年与日本东京都台东小学建立了友好关系。

史家胡同小学的启发式教学方式由来已久。比如，教一个字，不会马上在黑板上写出来，而是先让学生们念几遍拼音，再横平竖直地告诉孩子们怎么写。

有一次老师教"打"字，他写了一个"提手"，一个"丁"，然后说这个字念"da"是提手旁，旁边是一个丁，然后问："咱们班有没有同学能根据这个字讲一个故事呢？"这时候人民艺术剧院演员林连昆的儿子林木（有个弟弟叫林丁）站起来说："我看见这个字，就会想起我用手打丁丁。"全班同学都笑得前仰后合。

3. 让人推崇的教育模式

1995年坐床继位的十一世班禅，因当时年纪尚小，其教育任务就是由史家胡同小学承担的。

2008年，在奥林匹克教育"同心结"活动中，史家胡同小学与以色列耶路撒冷的亚努什科泽克小学建立了友好往来。而今，史家胡同小学已是联合国教科文俱乐部组织的成员，与国际上多所顶尖学校建立了友好关系，例如俄罗斯莫斯科市实验学校、中国香港澳洲国际学校、美国西德威尔友谊学校、新加坡南洋学校、比利时欧盟国际学校、英国伦敦圣玛丽小学等等，同时还成立了史家胡同小学"国际理解教育联盟"，促使国际友

史家小学金帆合唱团演出

好校以史家胡同小学为纽带，在学校管理、校园文化建设、课程设置、教师队伍、特色教育等方面进行交流，不断拓宽办学途径。

的确，能在史家胡同小学上学的孩子们，好像从小就有一种骄傲感。因为学校的办学条件、因为学校的启发式教学、因为学校对孩子们无微不至的爱……

史家小学学生在课堂上的照片

史家胡同小学的学生放学的时候排成一队，走到谁家谁就走了，但是之后还会在一起做功课。如果是夏天，家里就拿个课桌出来，大家一起写完了作业，女孩子会在一起跳皮筋、玩儿踢包，男孩子会在一起踢足球。

在史家胡同小学成立 70 周年的校庆中，当老校友们回忆起自己在这里度过的童年时光，总有说不完话：……杨兆麟在三年级时是班长，家住在干面胡同 7 号。宋苗苗、田维仁、梅凯是人艺大院的子弟，后来，宋苗苗与小一届的方子春结为伉俪；田维仁的父亲是演员，当年出演过话剧《忘记过去就意味着背叛》。郑万和曾经任王府井集团总裁，乒乓球打得不错。吴尚志是心血管专家吴英铠的儿子，家在东单附近，1978 年考上北京钢铁学院念研究生，1979 年到美国念书，毕业后到世界银行工作，担任过鼎晖创业投资管理公司的董事长。石春玉的家还在史家胡同，老名牌是 17 号，现在是 37 号，50 多年没有搬过家。许珑，住在史家胡同 7 号，是《神州学人》杂志社副总编辑，经常与国际国内一些名人打交道。梅梅是中国音协主席吕骥的女儿，曾在地震局工作。李秀英和诗人臧克家的女儿同住在史家胡同 1 号，这座院子各房之间带长廊，院里种了不少花花草草……

这些长大了的孩子们回想起他们在史家胡同小学所度过的这段时光，心里总会洋溢着一种温暖。这就是这所学校在"十年树木，百年树人"中所发挥的作用，史家胡同小学的领导和老师们太了不起了！

二、胡同里的翰林之门

史家胡同的深宅大院有很多，但根据史料记载，古时候住在这里时间最久、品级最高的当属清代乾隆年间索绰络家族的名门德保与英和父子俩。他们都曾为从一品官，后代又极为发达，所以他们在这里的宅第是相当不错的。

1. 德保宅第

在《藤荫杂记》中记载："德定圃第在史家胡同。公自东粤还京，岁集诸门生宴集乐贤堂内。"

史家胡同 5 号照壁与大门

"定圃"指的是索绰络·德保的号，德保字仲容、润亭，祖籍吉林亮马桥，满洲正白旗人。德保在乾隆二年（1737 年）丁巳科殿试，以三甲进士获馆选，与其兄观保同登进士，又一起授翰林院编修，兄弟二人相继为翰林院掌院学士。在纂修《四库全书》时，德保任经筵讲官，其兄观保出任工部尚书。

乾隆十四年（1749 年），德保任粤闽巡抚。乾隆二十年（1755 年），德保利用在任期间与洋人经商带来的丰厚利禄，将苏州园林艺术与杭州美景结合一起，在广州修了一座名为"常春藤苑"的园林，用以招待重要客人，而帮助德保打理这一切的是一名来自英国的管家，名叫汤玛士。

后来，德保应诏回京出任礼部尚书，住在史家胡同。他将自己居住宅院的主宅称为"乐贤堂"，所以在记载中才有了"公自东粤还京，岁集诸门生宴集乐贤堂内"的热闹场面。

2. 为子巧拒奸臣谋婚

德保不仅自己文采出众，还教子有方。他的儿子英和不仅是少年科第，而且外表帅俊。当时，权臣和珅欲召英和为婿。德保听说消息后，非常为难，他本来就不喜欢和珅这个政治暴发户，况且听说和珅的女儿长得不好看，还有残疾。自己一表人才的儿子肯定也不愿意，但如果是皇帝亲自指婚，他德保无论如何也不敢拒

5号院大门

绝啊。思来想去，办法只有一个，就是马上给儿子把婚事确定下来，让和珅和乾隆帝都无话可说。

他二话不说，连忙前去阿思哈家，请求阿思哈将其妾所随嫁的女儿嫁给自己的儿子。阿思哈姓萨克达氏，是满洲正黄旗人，同属上三旗人，乾隆初年由官学生考授内阁中书，充军机处章京。历任甘肃布政使、江西巡抚、山西巡抚、内阁学士、广东巡抚、河南巡抚、云贵总督、吏部侍郎、署吏部尚书、漕运总督等职，算是官宦世家，可谓门当户对。

当时阿思哈正任漕运总督。阿思哈家知道，两家都是书香门第，地位相当，德保的儿子又英俊有才，而自己家的女儿本非亲生，两家能够结成亲家可是求之不得的好事啊，当然对此非常满意，当即就答应了德保的请求。德保得到了阿思哈的同意，终于心头的一块石头落了地。

果然，第二天一大早，乾隆帝就传旨召见德保，询问英和的婚姻大事，德保早就有了应对之词，因而很快就回奏说："臣已与阿思哈结成亲家了。"乾隆帝听后还埋怨和珅只想着结亲，却没有打听好虚实，只好作罢。而站在一旁的和珅对此极为不满，但也不好插话，只好很尴尬地退了出来。

和珅知道，德保这是不愿意与自己结成亲家。虽然自己女儿长相不好是其中一个原因，但他认为德保敢当着皇上的面拒绝这门婚事，就是德保根本看不起自己，所以让他在皇帝面前丢面子。和珅愈想愈气，于是就准备寻找机会报复德保。

随着和珅地位的进一步巩固和官职的不断晋升，德保的仕途发展就"自然而然"开始走了下坡路，这其中和珅发挥了决定性的作用。

乾隆四十七年四月，因筹办常雩大典草率，天灯只悬挂两盏，斋房坐褥不整洁，德保被革去顶戴花翎，革职留任，十年无过方准开复。

5 号院二进门

德保之子英和在父亲去世后仍然住在史家胡同，他将自己在史家胡同的书房称为恩福堂、恩庆堂。

3. 为官三朝　命运跌宕

英和（1771—1840 年），初名石桐，字树琴，号煦斋，工诗文，善书法，著有《恩福堂诗集笔记》、《恩庆堂集》、《卜魁集纪略》等。在乾隆五十八年（1793 年）

英和中二甲进士，选入翰林院任庶吉士，授编修之职。后来官至军机大臣、户部尚书、协办大学士，并加太子太保衔。

乾隆的儿子嘉庆皇帝亲政后，知道英和的父亲德保曾婉辞和珅要把女儿许配他为妻之事，特加褒奖，升任内阁大学士，次年授礼部侍郎。嘉庆六年（1801年）任内务府大臣，后调任户部及工部侍郎兼军机大臣。嘉庆十四年（1809年）迁任礼部侍郎。嘉庆十八年（1813年）英和随嘉庆皇帝到热河，进行木兰秋狝。

而就在嘉庆皇帝在热河巡幸时，从京城传来了天理教徒攻打紫禁城的消息，嘉庆皇帝马上命令英和代理步军统领衔，先行回京，大肆搜捕天理教徒。不久传来捷报，天理教首领林清被擒获。嘉庆皇帝大悦，加授英和为步军统领、工部尚书衔，次年又掌管了六部之首的吏部。此时的英和可以说是平步青云，心想事成。而其在史家胡同的宅地也可谓是门庭若市，尽享繁华。

到了嘉庆皇帝的儿子道光继位后，英和仍被受命军机大臣、户部尚书，踌躇满志的英和仍希望能为新皇帝多多效力。

据《清史稿·英和传》记载，道光五年（1825年）洪泽湖决口，阻挡了南方运粮的河道，英和立刻建议皇帝将漕运改为海运，暂停河运以治理河道，雇募海船以利运输。而当时的一些大臣认为海船到达天津难以交卸。一旦实行海运，以前他们安插在漕运中的那些官员、旗丁、水手将难以为继。另外，海上倭寇活动较多，认为此建议不妥，唯有江苏巡抚陶澍支持英和的建议。但道光皇帝出于对英和的信任，力排众议，采用了英和的建议，用河船分次海运。道光六年（1826 年）八月，当海运船只悉数抵达天津，道光皇帝大悦，颁诏嘉奖英和的创议。

而后，英和的厄运却接踵而至。先是道光六年十二月，英和奏请在西陵附近的易州采矿，被道光皇帝斥其冒昧，降为理藩院尚书。道光七年（1827 年）七月，因英和的家人在通州经营房产增加租金而被人控告，英和再次被贬为热河都统，次年，又被授予宁夏将军，但他以病为由请求解职，回到北京。不久，因他之前监修的清宣宗皇帝陵寝地宫浸水，孝穆皇后的梓宫被浸湿，道光皇帝顿时震怒，本拟将英和处死，幸亏有皇太后说情，英和才被免于一死。随后皇帝将英和之子兵部侍郎奎照、通政使奎耀一并革职，随英和一起流放黑龙江。同时，英和之孙锡祉的荫生候补员外郎职务也被革去。

英和在流放期间，对黑龙江齐齐哈尔的地理风物进行考察和研究，将杂记汇编为《卜魁纪略》，将诗文汇集为《卜略城赋》。

道光十一年（1831 年）英和被释放回京，由于失去了官位，不能继续住在等级规制较高的史家胡同官宅了，于是迁居到后海北面的李公桥西岸。后来他的子孙逐渐恢复为官。道光二十年（1840年）英和病逝，被追赠三品卿衔。

英和去世后，英和的长子奎照就任左都御史，奎照之女应选入宫成为咸丰皇帝的婉贵人，1856年，又被册封为婉嫔。1861年冬，同治皇帝晋尊婉嫔为婉妃。1874年年底，光绪皇帝再次下诏晋尊婉妃为婉贵妃。1894年夏，婉贵妃去世。

从德保开始，其子英和，其孙奎照、奎耀，曾孙锡祉相继被选为翰林，被人称为清朝的士族之冠、满洲科举第一家。乾隆之子成亲王永瑆曾挥毫书写"祖孙父子兄弟翰林"，并命人制成匾赠与英和，此举成为索绰络家族的荣耀。

4. 对翰林之门的考据

为寻找确切的德保与英和宅第，笔者根据《藤荫杂记》记载："德定圃第在史家胡同之宅或云即西口内某官学，或云东口内一大第，后为肃王之弟隆某所居者"，并对胡同中符合清代从一品官职宅第规制的院落进行了考证，认为"东口内一大第，后为肃王之弟隆某所居者"的说法比较可靠。

位于胡同东口现门牌5号院门前的照壁现在虽略显低矮，但曾有画作证明其过去的精美。从院落东侧的

史家胡同 5 号院对面影壁

甬道来看，也符合官宅与民宅分割而居的讲究，但从其甬道、广亮大门的规制来看，也有可能两侧一为德定围第、一为英煦斋协撰和第，这同时也符合"肃王之弟隆某所居者"的规制。而"或云即西口内某官学"则略显证据不足，因为西口内左翼宗学始建于雍正二年（1724年），早于德保任职之前，且使用编年未曾中断过。若按"某官学"说法，其建筑形态更不符合官宅居住的要求。

史书记载的所谓："……后为肃王之弟隆某所居

者。""隆某"是清末第九代肃亲王爱新觉罗·隆勲。隆勲在同治元年（1862年）被封为二等镇国将军，同治九年袭肃亲王，光绪二十四年（1898年）去世。其子即为川岛芳子之父、末代肃亲王善耆。而今这座院落是史家胡同唯一门前带有照壁的院落，进入广亮的大门，再进入过厅式大门，最后再进入垂花门，才能来到正方的院子，一座显得幽深而静谧的院落。这就是现在的史家胡同5号院。

三、焦家大院话今昔

现在的史家胡同55号是一座广亮的大门，门前有一对镂雕抱鼓石，门扇有铜包叶，煞是好看。1965年以前，这座院落的门牌是26号。在很久以前，这座院落还有一个好听的名字，叫作"焦家大院"。

1. 焦佑瀛其人

史书记载"左翼宗学以东有焦家大院"。所谓焦家大院指的是咸丰年间（1851—1862年）八大辅政大臣之一的焦佑瀛宅第。而在焦家来此之前，不知是谁家官宅，因为这座院落大门内的影壁内侧，有清代乾隆朝和亲王的题诗砖刻："桂殿与山连，兰汤涌自然。阳崖含秀色，温谷吐潺湲。绩为能邪暑，功因养正宣。顾立将亿兆，同此世昌延。"

史家胡同 55 号院大门

焦佑瀛，字桂樵，籍贯天津，道光十九年中举，咸丰十年（1860 年）九月，奉命在天津静海带兵团练，因其文笔敏捷，才干超群，又颇有见识，经肃顺推荐，被召进热河行宫。同年十月被任命为"挑帘军机"大臣，当时皇帝诏书多出其手。咸丰病重时，御前大臣端华、载恒、肃顺、景寿，军机大臣穆荫、匡源、杜翰、焦佑瀛等八人被召见，受命为辅政大臣。咸丰十一年（1861 年）咸丰皇帝病死于热河，皇子载淳即位。当时慈禧太后欲垂帘听政，遭到八大臣的反对。慈禧与恭亲王密谋，发动政变，将肃顺、端华、载恒处死，军机大臣充军，后来又被赦免，焦佑瀛归隐天津。

2. 两度成为使馆

1919 年，挪威公使馆在史家胡同原焦家大院成立。约翰·威廉·米什莱（Johan Wilhelm Michelet）被任命为全权公使。一直到 1927 年，国民政府首都迁到南京，挪威公使馆也随之南迁。

日伪时期，这里由天津元兴造胰厂总经理马树勋一家居住。由于马树勋是回民，所以天津元兴造胰厂生产出来的胰子（肥皂）有明显的清真标志，不但充实了市场，而且也满足了回族人群的需求，生意做得很红

史家胡同 55 号院内

火。新中国成立后，这座院落于 1950 年被公逆产清管
局接收，后来由外交部使用。

　　抗美援朝时期，这座院落曾作为朝鲜使馆使用，
在这座院落对面的京华邨胡同，当时也有一个小门，朝
鲜使馆的那些孩子和妇女们住在里头。胡同里的孩子跟
朝鲜使馆的几个孩子经常在大街上一起玩耍，他们的汉
语讲得非常好。抗美援朝结束后，朝鲜使馆迁到日坛公
园北侧。史家胡同 55 号院又成为了外交部人员宿舍，
而对面的京华邨胡同经过拆迁，现已无存。

史家胡同 55 号院门前抱鼓石

　　而今，进入史家胡同55号院，仍可以让人有一种油然而生的寂静与怀旧之感。这座院落东西跨度较大，大门迎面的影壁东侧有一个小跨院，内有两间南房，大门西侧有倒座房九间，迎面一殿一卷式的垂花门直通二进院，二进院内正房五间、耳房两间，东西厢房各三间，房与房之间有抄手游廊连接。第三进院有正房三间，东西厢房各三间也是由抄手游廊连接各房。可是这座坐北朝南的三进四合院，现在已经分割为两部分，前半部为史家胡同55号，后半部即第三进院，现为内务部街44号。虽然整体院落犹在，可门牌却被分为了两个，看来过去对这个院的整体记忆也只能分段地描述了。

四、寻找胡同里的寺庙

　　过去，在北京的街巷胡同曾存在着大量的寺庙道观，像史家胡同这样著名的大胡同有没有寺庙道观呢？

1. 按图索骥寻寺庙

　　档案史料记载，史家胡同老门牌62号，现为6号，过去这里曾是同盛隆煤铺，房东却是位于东罗圈胡同老门牌19号观音庙的住持宝林。

　　史家胡同偏东口南侧的东罗圈胡同老门牌19号，现门牌为东罗圈胡同10号，过去就是一座"送子观音

史家胡同 6 号院大门

庙"。这里目前还存有坐北朝南的大殿 3 间及院内四周的房屋。据住在这里九十多岁的于金茂老大爷说，他是 20 岁住进来的，当时庙里的住持宝林有三十多岁，这个庙是清代官员刘荣的家庙，每逢初一、十五，和尚都烧香上供敲钟。新中国成立后宝林就搬走了，听说他在庙产管理会做事。

这座观音寺的庙门口有两棵大槐树，一个人无法抱住。庙门原来有顶，后来太旧了就拆了。门上过去有匾，上面写着"送子观音庙"。庙里的东西房、跨院都有佛像，北院房屋的顶至今没动，南院房屋的顶后来换了。当时庙里的房屋除了和尚住以外，还有七八户出租房子。西南房原是和尚住的，有自己单独的门。原来庙里还有三个月亮门，最南边的月亮门只有初一、十五烧香时才开。

中院有一棵杨树、一棵柏树，在杨树和柏树之间有香炉，中院的房屋供有铜佛像。北院还供奉关帝，还有马，都是泥胎的。北院的后门就是史家胡同老门牌 62 号，观音庙的住持宝林后来将这里租给了同盛隆煤铺。

2. 寺庙的后事

然而，这样一座规模不小的寺庙在新中国成立后是如何消失的，在它消失的过程中有没有留下什么记载呢？

我们在翻阅档案史料中，发现了"1954 年 1 月 15 日，市民陈谷致信市府关于史家胡同石质雕刻有无价值，请勘查保护问题的来函"。全文如下：

北京市人民政府：

昨天午后三时许，路过东四南大街史家胡同，见到该胡同东口路南墙根放有石质雕刻物两块，孀谷"走马观花"式的感觉到该石刻花纹甚为精美。未知是否属于公家物及是否有保存价值或可以利用之处？

市民　陈谷

住址：西单参政胡同 6 号

在文物调查组到史家胡同进行鉴定后，对陈谷的复函中提道：

陈谷先生：

本年一月十八日由市府"人民来信"转来并函一件，内关于史家胡同东口石雕事。本组于本月二十七日派人前去勘查，确有石雕四块，似为"佛座"之类，所有人物头部多已残缺（二十四孝故事），雕工艺术价值不高，政府无须保存。先生对于国家文物关心和负责精神，我们甚为钦佩，此后，凡另有类似古文物发现，仍请直接赐知，本组定当随时前去勘查鉴定，而后决定处理办法，决不使有价值文物有所弃置或损坏。

文物组

由此可见，这座观音寺此时已完成了由一座寺庙到普通民居的蜕变，当我们再要想见这条胡同的寺庙时，只能凭借档案史料的记载、口述史料的挖掘，以及对实地的调查来丰富自己的想象了。

五、游美学子的考试之地

20 世纪初，史家胡同在知识界引起了人们的注意，因为利用庚子赔款而考取出国留学的游美学务处就设在这条胡同。

1. 设立游美学务处之缘由

清末，帝国主义的凌辱和清政府腐败无能的现状，激发了青年学生向工业先进国家学习的热情，有爱国激情的学生纷纷涌向日本和美国。由于留学日本的青年回国后多从事反清活动，这使清政府很是恼火，加之日本国对中国留学生的遏制及美国又放宽了留学限制，清政府遂将出国留学的渠道从日本转向美国。

1905 年，时任清朝驻美公使梁诚获悉美国从清政府获得的"庚子赔款"，已超出应得数额，随即开始与美国政府交涉，力争收回余款。在致清政府外务部的信函中，梁诚建议"马上声告美国政府，请将此项赔款归回，以为广设学堂遣派游学之用"。

1908 年，美国国会通过法案退还了清政府"庚子赔款"中超出美方实际损失的部分，用这笔钱帮助清政府办学，并资助大清帝国学生赴美留学。双方协议，创办清华学堂，并自 1909 年起，大清帝国每年派遣 100 名留学生赴美学习，从第 5 年起减为每年不少于 50 名，依此循进，至 1940 年结束，期限 32 年。外务尚书梁敦

促成美国退还"庚子赔款"的清朝驻美公使梁诚（右三）

彦代表中国政府在协议书上了签字。这就是庚款留美学生的由来。

根据这一协议，外务部、学部两部共同组建游美学务处，全面负责游学事宜，以外务部为主导，外务部左丞参周自齐兼总办，学部员外郎范源濂兼会办；另一会办由外务部的唐国安兼任。据学务处"任事人员清单"显示，周、范二人兼半职，唐国安为全职。唐国安实际上担负了游美学务处的日常工作。

2.三次赴美游学考试

1909年5月，清政府制定了《遣派留学生办法大纲》，明文规定赴美学生以学习实业为主："十分之八习农工商矿等科。以十分之二习法政、理财、师范诸学。"录取标准："身体强壮，性情纯正，相貌完全，身家清白，年龄适当，中文须能作文并有文史知识，英文须能直接入美大学及专科听讲。"1909年6月，清政府外务部成立了游美学务处，由外务部和学部派出官员组成："游美学务负责考试挑选、管理、派遣、联络等事宜。"这个学务处最初设在候位胡同，后在史家胡同办公，考场也设在史家胡同，考生看成绩也在此地。

1909年8月4日，第一次在史家胡同举行了选拔赴美留学生考试。应试考生有630名，计划录取100名，考试范围有物理、化学、代数、几何、外国历史地理等科目。在9月公布的录取名单中有47人被录取。同年10月这47人启程赴美国留学。

1910年7月，第二批留美学生考试有四百多人参加。考试分作两场：第一场是在21日，上午考国文，题目是《不以规矩不能成方圆说》。下午考英文，作文题目是《借外债兴建国内铁路之利弊说》。国文和英文考试及格后，才被允许参加5天后的第二场考试，这场考试共计3天，考试内容有平面几何、希腊史、罗马史、德语或法语、物理学、植物学、动物学、生理学、

1909 年第一批庚子赔款留美学生合影

化学、三角、立体几何、英国史、世界地理、拉丁文等，这次考试录取了 70 人。

胡适，在 1910 年第二届考试中考取了第 55 名，他回忆道："那一天，有人来说发榜了，我坐了人力车去看榜，到史家胡同时天已黑了。我拿了车上的灯从榜尾倒看上去，因为我自信我考的很不好。看完了一张榜，没有我的名字，我很失望。看过头上才知道那一张是备取的榜。我再拿灯照读那正取的榜，仍是倒读上去。看到我的名字呢，仔细一看却是胡达，不是胡适。我再看

1910 年第二批庚子赔款留美学生合影

上去，相隔很近便是我的姓名了。我抽了一口气，放下灯，仍坐原车回去了，心里却想着那个胡达不知是谁，几乎害我空高兴一场。"①

　　1911 年 2 月，清政府将北京西郊清华园拨给游美学务处，营建游美肄业馆，即留美预科学校。1911 年 6

──────────

① 　刘永峰：《我们已经回来，世界从此不同》，http://blog.sina.com.cn/s/blog-4d77291f01017uhw.html，2011 年 4 月 7 日。

月，在史家胡同举行了第三批庚子赔款留美学生考试，此次考试录取了 63 人。这也是最后一批在史家胡同游美学务处的考试，此后，政府不再出面组织考试，而是由清华学堂选派赴美留学生。次年，清华学堂在清华园正式开学，成为清华大学历史的开端。

3. 赴美游学考试的历史意义

利用庚款留学引进了西方进步的教育思想和教育方法，激发了当时有志青年用国外先进的科学文化知识和进步的思想理念，为国家强盛和民族振兴贡献力量的爱国主义精神。

1917 年 6 月，胡适提倡的"文学革命"已在国内

胡适

引起了激烈的反响，他放弃了正在攻读的哥伦比亚大学哲学博士学位，回国受聘于北京大学。也是在这一年，在哈佛，以攻读数学而获得博士学位的中国第一人——胡明复，离开美国回到上海，谋划着如何实现其"教育救国"的理想。哈佛大学气象学博士竺可桢、哲学博士赵元任也先后回到了阔别多年的祖国。1919 年，在少年中国学会的演讲上，胡适宣告"我们已经回来，世界从此不同……"这些留学归来的青年才俊们，将会带来什么样的"不同"呢？

"可以想象，拿着不该给但不得不给最后又被人家退回来的赔款去人家那里读书，这种复杂的心理怎么说得清。"正因为说不清，这些早期留美学生大都沉默寡言，一门心思苦读，成就了非凡的学业。

当时只有 21 岁、风华正茂的梅贻琦，后来成为清华唯一一位终身校长。在第二年招收的庚款留美学生中，考得第 2 名的是日后成为语言学大师的赵元任。第 55 名是之后成为北京大学校长，叱咤中国文坛的胡适；而后来成为我国气象学家的竺可桢也在其中……从这个角度来看，史家胡同在我国教育界、知识界确有其独特的地位和历史意义。

六、寻找丹麦公使馆

据史料记载，丹麦公使馆曾坐落于史家胡同，我们揣测着丹麦公使馆的模样，寻遍了史家胡同的各个建筑都没有发现丹麦公使馆的影子，丹麦公使馆在史家胡同踪迹何处觅？

1. 成为丹麦公使馆之前

据史料记载，1912 年，丹麦公使馆在北京建立，阿列斐伯爵成为首任驻华"特命全权公使"。在《燕京风土录》一书中有一篇题为《东交民巷》的文章记载："东西洋各国使馆皆设立在东交民巷界之中，丹国使馆始而租得崇文门内大街灯市口史家胡同路北绍宅。绍名昌，字任庭，前清进士，至法部尚书。"

由此而知清末法部尚书绍昌宅也在史家胡同。据记载，绍昌为清末正白旗人，皇家宗室，爱新觉罗氏。1903 年绍昌任商部左参议，后任刑部左侍郎。他主张变法，对西方法律颇有研究。宣统年间（1909—1911 年），绍昌任法部尚书。1911 年 1 月 28 日任法部侍郎，同年 5 月 8 日被任命为庆亲王内阁的司法大臣，主持司法行政事务。辛亥革命爆发后，摄政王想启用袁世凯平息乱局，绍昌进谏表示反对，其意见未被采纳。眼看袁世凯大权在握，1911 年 11 月 1 日绍昌辞职。辞职后与一些清末遗老谋建宗社党，未能成功，民国成立后绍昌抑郁而终。位于史家胡同的绍昌宅后来成为丹麦国公使馆。

2. 依据盗窃案，考据丹麦公使馆

在北京市档案馆有一份 1915 年的"京师警察厅内左二区区署关于史家胡同丹国使馆内施放枪声查验情形的详报"档案，或许对我们寻找丹麦国公使馆在史家胡同的位置有所帮助。

关于丹麦使馆内施放枪声查验情形的详报 1

关于丹麦使馆内施放枪声查验情形的详报 2

　　档案中记载：内左二区警察署长孙秉璋 4 月 6 日向
京师警察厅总监呈文，4 月 4 日深夜 2 时余，内左二区
警署巡长达隆阿巡查至东罗圈胡同，忽听西面传来枪
声，寻声立即赶到史家胡同丹麦公使馆门前，询问守望
执勤巡警恩全，答称适才使馆内施放一枪，但不知何
事。正欲入内询问，使馆护院人周兴五开门走出，称他
在院内巡视时发现房上似有人影，随即施放一枪，以为
震慑，并称在西小院内捡拾到"蜈蚣梯"一具，携出交
与巡警，声明并未丢失物件。5 日警署署员金奎、玉福
得到报告，随即前往查验。面谒丹麦公使阿列斐，公使
重述案情如周兴五，随后带警员前往西小院查验。西小

丹麦公使馆大厅

院有北房两间，向无人居住，内储金佛等物。检查发现只有玻璃窗插关有拨撬痕迹，遍查各处墙垣及邻近宝姓空院，均无出入蹬踏痕迹。查验结束后，公使提出希望门前守望巡警每于夜间撤入院内，帮同护院人巡查。署员等未允所请，但告以将在使馆后墙外内务部街一带夜间加派巡警，勤加巡逻，公使允诺。两位署员告诫巡官长警及门前原有守望巡警夜间严加巡查注意后回署。

事后兼管侦缉队事务监察长李寿金4月6日给京师警察厅总监的呈文，记载："内左二区属史家胡同路北门牌22号丹国公使馆阿列裴宅房间院落12处，计房一百余间。询据该宅管事人吉顺、护院人周兴五声称……5月29日，公使夫人委托她的朋友莱义到警署报称公使馆屡次丢失什物，仆役吉顺等实有勾串偷盗情事"，要求警署立即派员传讯，"检查赃证，严行讯究"。警署立即出警公使馆，讯问检查包括吉顺在内涉嫌男仆共8人，其他7人包括厨师1人、花匠2人、杂役2人、厨房保管1人、看门人1人。并在吉顺家中搜出瓷瓶、花盆、瓷盆、水壶等器物，经公使夫人确认为使馆所失。后将8人拘押，进一步审查后，7月2日又起获屏风、桌椅等赃物。由于吉顺辩称瓷瓶为朋友寄卖所存，并经与物权人核实未发现破绽，不能认定偷窃，其余赃物价值不大，警察厅司法处判吉顺送教养局，以示惩戒，其余7人保释。档案附有吉顺供单，择要为：吉顺，字子祥，正蓝旗满旗人，年 37 岁，住史家胡同公使馆西隔壁 23 号。在公使馆充当管事人，前述其他仆役皆由其荐来。日常伺候公使饮食和外出跟班。最初经朋友推荐，已在公使馆服务五六年之久。这说明尽管公使馆成立于 1912 年，但在此前的 1910 年或 1911 年阿列斐一家已经居于史家胡同了。

第一位常驻中国首都的丹麦外交官——阿列斐伯爵

1915 年"丹国使馆内施放枪声"的档案写明公使馆位于胡同路北，门牌 22 号，"院落 12 处，计房一百余间"。就史家胡同和内务部街两条胡同相夹的南北空间跨度来看，从南到北最多可以容纳下四进四合院。由此推算公使馆至少要包含并列的 3 组类似的院落群，才能确保拥有 12 座院落。而从老门牌 22 号（现 45 号）

的院落来看，不可能满足丹麦公使馆"院落 12 处，计房一百余间"的记载。

据记载，北京开始实行门牌号始于清末新政以后，而所谓的北京胡同老门牌是指 1965 年以前的门牌号，从清末到 1965 年间北京的老门牌号基本稳定，但也有微调。例如：粉房琉璃街的广东新会邑馆，清末的门牌为 50 号，1965 年以前的门牌为 54 号。

鉴于 1965 年以前的史家胡同老门牌 22 号，从建筑形态上判断，不可能成为丹麦公使馆的驻地，我们只能在其左右循迹。在其西侧的院落建筑形态已经发生了根本变化，且与 22 号院的建筑规制完全不对称，再向西侧已非院落的基本形态，因此判断其西侧为丹麦公使馆，已无可能。

而其东侧院与 22 号院落规制相当。再向东侧则为史家胡同老门牌 20 号（现 41 号）大院，从遗存的第三进和第四进院落建筑规制来看，过去这里肯定是一座中轴线清晰的大宅院。从对此院落进行过改造的负责人采访中得知，这座院落东侧，过去还有过蓄水的花园，这完全符合过去对丹麦公使馆建筑的描述。但是，此院落经过大拆大建已面目全非，原有格局已无迹可寻，所以无法断定也无法排除是过去丹麦公使馆旧址的可能。以它目前的占地面积来看，曾经拥有一百多间房屋没有任何问题。另据老者回忆，现在它南面的现史家胡同 42

号，原来是个挺大的独院，这里会是原来丹麦公使馆的马厩吗？

七、皮具染色的肇始之地

史家胡同老门牌 51 号，现为 42 号，过去曾是北京硝皮厂的所在地。民国时期，中国的达官显贵、社会名流受欧美文化的影响，已开始使用显示他们身份、地位、财富的欧美时尚皮具制品，国内一些皮匠开设的家

史家胡同 42 号院内

庭作坊也有零星生产。我国的现代铬鞣染色法最早始于
1925 年北京史家胡同的北京硝皮厂。1949 年至我国实
行改革开放初期，是私有向国营转化恢复发展的提高阶
段，铬鞣染色法的技术手段、产量有所提高，铬鞣法逐
步成为轻革鞣制的主流。

据了解，史家胡同的北京硝皮厂之后成为了八达
岭皮鞋厂的一部分，再后来，由于经营不善倒闭，转租
给了旅店业。

八、胡同里的洋行

1. 宏大洋行

过去在史家胡同里居住的洋人不少，而在这里开
的洋行也不少。史家胡同老门牌 27 号，现已成为史家
胡同小学的一部分。1946 年 8 月 21 日宏大洋行在这里
开业，租用的是回族女律师马荃的宅第，其营业执照为
商字 010791 号。洋行经理是天津籍的刘浩然，他毕业
于中法大学，时年 52 岁。雇佣的职员是时年 42 岁、毕
业于柏林大学的德国人义礼士。这个洋行规模较小，新
中国成立后随即宣布撤销。

2. 公和洋行

史家胡同老门牌 63 号，现为 4 号，解放前后，曾
为公和出口洋行分行的所在地。公和出口洋行主要从事

史家胡同 4 号院大门

经营特种手工艺品的出口和自行车、西药等的进口业务，总行设于香港皇后大道爱丁堡大楼 402 号，在北京和上海设分行。北京分行原来设于新开路 52 号，由于此洋行带有英国色彩，太平洋战争爆发后被日军停业，1947 年复业，迁租于史家胡同 63 号。新中国成立后，在这里做生意的外国人陆续回国，洋行遂于 1956 年歇业，退出了史家胡同。

第 **4** 章
变迁故事

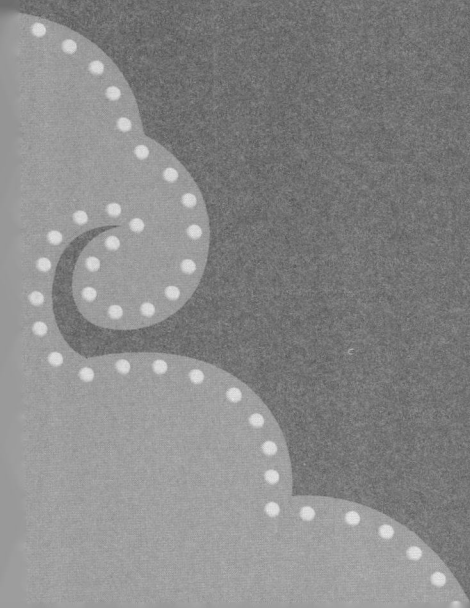

一、陆家大院的今昔

现在的史家胡同 13 号，过去的老门牌为 6 号。老户主是祖籍江苏无锡，曾任广西大学农学院院长的陆大京。至 1946 年，他们家已经在这里居住了三十多年。

1. 纠结的院落情思

陆大京，1907 年 3 月 29 日生于北京。1927 年，陆大京毕业于清华学堂，考取了赴美留学的机会。1929 年，陆大京在美国康奈尔大学农学院毕业获学士学位后继续深造。1930 年，在美国路易斯安那州立大学农学院毕业，获硕士学位后并未满足，在 1933 年，获美国明尼苏达大学哲学博士学位。回国后任私立岭南大学农学院助教，后来转任浙江大学农学院副教授、教授。抗战期间，陆大京任广西农事试验场一级技正兼广西大学农学院院长，并兼任广西善后救济分署农业顾问。

陆大京

日本投降后，陆大京想起了失去的祖业——隔壁的史家胡同 5 号院，那是他在抗战前将自家的此处房产租给门头沟煤矿公司作为仓库使用的，日伪时期被日本人占用，光复后，那里却被国民党政府部门接收。他立即复信当时要求继续租用 5 号院的北平门头沟煤矿公司接受委员王恒源，并以个人名义要求发还祖业史家胡同 5 号房产，王恒源回信让陆大京亲自或派代表向政府接受部门进行交涉，但此时身在广西任农学院院长的陆大京鞭长莫及，无法派代表向敌伪产业处理局进行索要，此事也就不了了之。

史家胡同 11 号大门

2. 成为公产　曲终人散

　　1945 年 11 月，门头沟煤矿公司的接收委员王恒源向国民政府经济接收办事处提出要求移交位于史家胡同 5 号的仓库。1946 年 6 月，经河北平津区敌伪产业处理局的调查，认为史家胡同 5 号系普通房舍，并非直接需要之厂房，仍可照章让门头沟煤矿公司继续使用。之后，时任北平门头沟煤矿总经理的王恒源携妻子胡敬甫由河北南宫县迁入已成为公产的史家胡同 5 号院。

　　既然是成为了公产，1947 年 12 月 10 日，这里又

● 史家胡同 11 号院内的日式小楼

搬进来一位曾毕业于女师大婉约型的才女胡馨芝。

1949 年 6 月，陆大京任广东省糖业公司农业工程师兼岭南大学农学院教授，由于已离开北平的家 12 年未归，史家胡同 6 号院的户主只好更换为 72 岁、患有耳聋的母亲陆江青。而隔壁的 5 号院则进驻了中央公安部技术室，不久又易主为海军后勤部办事处。

1949 年 12 月，53 岁的王恒源升任燃料工业部华北煤矿管理局工程师室负责人，悄然迁出了史家胡同 5 号院，搬进了位于板厂胡同的矿务局宿舍。

1950 年 2 月，才女胡馨芝也搬到了石驸马大街浸水河 11 号。

1951 年 9 月 1 日，陆大京的母亲带着弟弟陆大亨一家，从 6 号院迁往羊尾巴胡同居住。陆大京这位从史家胡同走出去的哲学博士，最终失去了自家的祖业，没能回到自己钟爱一生、想念一生的北京的家，这不能不说是一种遗憾。

王恒源此后对我国的 22 个矿区资源进行实地勘查，对矿产储量、地质构造等情况取得了宝贵的第一手资料，为中国煤炭生产作出了重大贡献。他在受到周恩来总理接见时提出重振煤矿业的请求，曾在 1955 年至 1962 年担任煤炭科学研究院筹备处主任、采矿所所长。1983 年 1 月 27 日病逝于北京。

而今老门牌 5 号、现为 11 号的金柱大门无恙，盈门的影壁已经歪闪，院中的小洋楼虽已破旧不堪，但仍不失当年迷人的风骨。

二、社区办公地的往事

现在，史家胡同社区的办公地点是胡同里的 21 号院，1965 年以前的老门牌是 9 号，这里至今仍是一座保存不错的四合院。为了办公及居民活动的需要，取消

史家胡同 21 号院

了一进院与二进院之间的垂花门和院墙，拓展了院内的活动场地。

1. 院子的老主人

1949 年后，史家胡同老门牌 9 号的主人是细菌学家、一级内科教授吴朝仁先生。

吴朝仁，1900 年生于福建省福州市，1923 年毕业于福州协和大学，1928 年毕业于北平协和医学院，获医学博士学位并留校执教。1933 年至 1935 年被选派到美国哈佛大学医学院进修细菌学。回国后一直从事传染病的临床、科研、教学工作，并曾代理北大医院院长职务。

新中国成立后，吴朝仁曾任北京大学医学院教授、北京医学院传染病教研组主任、医学系主任、副院长。1952 年，吴朝仁升任北大医院院长，迁往他处居住，史家胡同的这处宅院被军管会使用。

吴朝仁迁出史家胡同后，积极钻研我国内科方面亟待解决的问题。1955 年，他成为北大医院传染科的创始人。1958 年在我国某地发生了一种原因不明的流行病，他立即亲自率医疗队深入疫区，查明病源并提出防治方案，很快控制了该病的流行。

为了我国抗菌素生产的急需，吴朝仁积极建议并亲自领导建立了抗菌素研究室。从 1965 年起，他积极参加到北京郊区农村的义诊，为培养农村卫生人员作出了贡献。他历任市科协副主席、中华医学会理事、中华医学会内科学会常委等职。1973 年，吴朝仁在北京病逝。

2. 在此借居的近代卫生事业奠基者

1951 年 10 月 1 日，史家胡同 9 号搬来了一位中国近代卫生事业的重量级的人物名叫金宝善。

金宝善，字楚珍，1893 年 4 月 23 日生于浙江绍兴，17 岁考入南京水师学堂，后转入杭州医学专科学校。1911 年，考入日本千叶医学专科学校和东京帝国大学攻读内科并研究传染病与生物制品，1919 年回国后，在北京中央防疫处担任技师，并在国内制造各类疫苗、血清、毒素等生物制品。

1920 年东北地区鼠疫流行，受北京政府派遣，金宝善与伍连德等人赴东北开展防疫工作，经过半年多的努力，将鼠疫平息。1921 年，金宝善任北京医学专门学校传染病学教师，并在军医学校担任防疫学教学工作。

1926 年，金宝善赴美国约翰斯·霍普金斯大学公共卫生学院进修，1927 年获公共卫生学硕士学位。1927 年夏，他应邀组建杭州市卫生局并任局长，由此，开始了长达 20 年的卫生行政生涯。

1929 年，国际联盟派人调查中国各海港疫情，他随同调查并做了大量的工作。在他的努力下，次年卫生署设置了全国海港总管理局，颁布了全国检疫条例，同时，将全国各海港检疫权从外国人手中收回。

1930 年，南京国民政府成立中央卫生实验处，他任副处长，实际负责该处的工作，奠定了我国现代医疗卫生科学研究事业的基础，培养了一批专门人才。同年，他作为中国代表出席了在巴黎举行的世界医学大会，并到日内瓦向国际联盟卫生组织报告了中国卫生情况。

1931 年，长江、淮河发生特大水灾，灾民达 2500 万人，其间死于疾病的人要多于死于水灾的人。在这非常时期，时任中央防疫处处长的金宝善率领医疗队奔赴灾情最严重的汉口主持医疗救护工作。自 1931 年 9 月至次年 9 月，灾区共有 200 多万人次接受了霍乱、伤寒、天花、脑膜炎的预防注射，有超过 34 万的病人接受了医院或医疗队的治疗。1934 年至 1941 年，他连任两届中华医学会会长。

1934 年，他被派往西北地区工作，在兰州设立了西北防疫处及中央直属西北医院，在陕西、甘肃、青海、新疆等地建立了医院、产院及助产学校，极大地促进了西部落后地区卫生事业的发展。从 1940 年 4 月起，他主政国民政府卫生署，为支持抗战做了大量的工作。

从 1940 年到 1941 年间，日本对中国至少进行了 5 次细菌武器攻击。1942 年 3 月 31 日，时任卫生署署长的金宝善将日军在中国撒播细菌的情况整理成报告，向世界公布。

1947 年，金宝善赴欧美访问，考察战后各国的卫生事业。当时在日内瓦正酝酿成立世界卫生组织，他代表中国成为世界卫生组织的发起人之一。1948 年，金宝善赴美国任联合国善后救济总署儿童急救基金会医药总顾问。

金宝善的妻子杜孝贤，毕业于北京女子师范学院，曾在熊希龄创办的北京香山慈幼院任教员。1950 年 4 月，杜孝贤悄悄将家迁入北京，暂住雨儿胡同 9 号；1951 年，金宝善毅然回国，随后与妻子借住在史家胡同 9 号院，此间，他先后担任卫生部技术室主任、参事室主任，北京医学院卫生系主任兼教授，中国红十字会常务理事，中华医学会常务理事，第二届全国政协委员等职。

后来，由于史家胡同 9 号院被军管会占用，1952 年 5 月 3 日，金宝善一家迁往德胜门西海北河沿 8 号。

1954 年，金宝善任北京医学院卫生系主任、一级教授，兼任中国红十字会常务理事、中华医学会常务理事、《中华卫生杂志》主编，并主持筹建中华医学会卫生学会，同时还担任中国科普协会委员等职。

1957 年，金宝善在"反右"运动中受到错误批判。在"文化大革命"运动中，金宝善受到迫害。

1984 年 11 月 11 日，中国近代卫生事业奠基者之一金宝善在北京逝世，享年 92 岁。今天，在绍兴蕺山中心小学，还成立有金宝善实践小队。金宝善仍以另一种方式活在人们心中。

3. 实现蜕变的有用之才

1950 年 7 月 23 日，邢漱天由帽儿胡同 13 号迁入史家胡同老门牌 9 号。

邢漱天生于 1904 年，毕业于太原军校，1937 年 11 月至 1938 年 3 月，在山西战区动员总会所辖第十游击支队任支队长，1941 年任阎锡山部骑兵师副师长。解放战争中，邢漱天任汤泉矿务局营业部部长，在汤泉第一次解放战役中被解放军俘虏，在解放区受训 18 个月后任山西大宁县纺织厂副厂长、汤泉铁厂总务科长。

新中国成立后，邢漱天奉调到京，在北京市卫生工程局铁木厂任厂长。这位被俘获的原国民党师级干部，最终成为了在新中国社会主义建设中的有用之才，完成了他人生中的一次重要蜕变。

自从史家胡同 21 号院成为社区居委会，这里的社区活动不断，院里不时会传出欢歌笑语，如果吴朝仁、金宝善、邢漱天诸先生有知，他们一定会为今天生活在这个社区的居民而感到欣慰。

4. 大跃进背景下的居委会

史家胡同的老居民常提到朝阳门派出所有个片警

老董，过去跟居民有关系的事都去找他，什么事都是他出面组织处理。积极分子开展的许多活动也是由片警老董出面组织，最开始的活动就是开展爱国卫生运动，组织各家出一个代表，挨家挨户查卫生，查了以后，哪里有问题他们再帮助弄一弄。然后这些人慢慢地把大家联系起来，这就是居委会的雏形。

到了 1958 年大跃进的时候，成立了人民公社，并公布了居委会试行办法。当时史家胡同居委会分为东、西两段。由于胡同里的索家大院地方大，西段居委会常去那里开会。那时候在居委会工作的叫街道积极分子，工作是行使义务，虽然没有报酬，但她们显得特别活跃，所谓"小脚侦缉队"。

1958 年的时候，他们不断地在居民家里轮着开会，会议的主要内容就是宣传介绍大跃进。当时特别突出的是让妇女不要围着锅台转，要走出家门，要到社会上来。然后组织了一个比较大的夜校，夜校在当时影响很大，开学上课的地点在艳阳工农小学。晚上，组织那些不识字的年龄比较大的居民到夜校去识字，后来就以她们为骨干又组织了缝纫社和食堂。食堂设在胡同的老门牌 39 号冯家大院最靠东边的一间房子，单开了一个门。这时间是在 1958 年的八九月份。

那时候人都比较纯洁，胡同周边的民风也很好。因为大家都生活在一条胡同里，每家都有什么人全知道，如果外面来了什么人大家也都知道，居民们都觉得很安全。久居人艺宿舍大院的剧作家蓝荫海回忆，过去，这条胡同一入夜几乎看不见人。他们平时在人艺剧场演出完毕后，沿着西堂子胡同回来，胡同里显得非常安静。

三、如意门里的故事

凡到过史家胡同的人都会被 23 号那座精美的如意门所吸引，在欣赏之余还会对这里的主人曾经是谁更感兴趣。

史家胡同 23 号如意门

1. 院主人的身世

史家胡同 23 号的老门牌是 10 号，为邰姓居住。而老门牌 11 号、现在的 25 号，过去也为邰姓。经过了解得知这两户其实为一家人。

老门牌 11 号住的是邰鹤亭，1949 年时 64 岁，祖籍天津静海，他 1904 年进京，最早住在黄兽医胡同 11 号，曾在京汉铁路局任会计处司账。1916 年购买了史家胡同 11 号（老门牌）院，紧邻的 10 号是他的后代邰灵清一家人居住。

史家胡同 25 号院大门

郃灵清，字振武，1924 年 4 月 14 日出生，1942 年毕业于育英高中。25 岁时在东华门大街当过汽车管理处技术员。新中国成立后在汉口《工人日报》社当推销员。

1951 年，郃家这两处宅院被军委营房管理部接管。1951 年 4 月 29 日，郃灵清一家迁往南小街路东的什方院 21 号居住，而郃鹤亭一家则迁往朝内大街 334 号居住。

而今，人们大多赞叹史家胡同 23 号那座如意门的精美，却忽视了西侧那座看似普通的大杂院。可是略有北京传统建筑知识的人就会知道西侧那座院落是蛮子门，规格要比东侧的如意门高，只不过是因为日后形成大杂院的破败程度掩盖了它本来的规制。

进入史家胡同 23 号院，这里由于新中国成立后一直是高干领导的居所，院内建筑保存得相当完好，院内垂花门抱鼓石上的石狮子紧簇，露出了过去院主人的富态。春天，满院的桃花馨香宜人，抄手游廊的雀替雕刻精美，房屋内的隔扇保存完好。沿游廊进入后花园，显得豁然开朗，后花园西侧与旁院的后花园相互沟通，透露出了这两座院落原为一家人的玄机。

美哉！史家胡同 23 号院。如果西侧的 25 号院没有成为大杂院，也会同样美哉！

史家胡同23号的门墩

2. 办教育的银行家

1944年，王也樵随同在大中银行任会计的妹妹王济租住在史家胡同10号。这位银行家，终于在这里寻找到了一块静土。

王也樵，1906年4月16日出生于江苏江宁，毕业于圣约翰大学，后进入银行业，曾任大中银行经理。日本侵华期间，大中银行的业务基本处于停顿状态。

抗战胜利后，王也樵南下来到上海，力促发展职业教育，在他与同仁的努力下，将因日本侵华期而停顿的上海太和高级助产职业学校复校。这在当时引起了不小轰动，因为太和高级助产职业学校是1937年夏由著名教育家马相伯发起创建的，所以，抗战胜利后太和高级助产职业学校的复校，又带有一份特殊的纪念意义。学校复校后，最初设在上海南市蓬莱路，后来因学生日增，又迁往麦根路（今石门二路），再迁往武进路 393 弄 1 号。1946 年冬，王也樵成为学校的董事长。

新中国成立后，太和高级助产职业学校停办。王也樵寓居到北京史家胡同，在此担任大中银行顾问的闲职。1951 年，由于王也樵租住的宅院被军委营房管理部接管使用，其一家不得不迁往他处。

而今，当人们再来到这座老屋时，房屋的主人已几经更迭，不过，王也樵一家人用过的大水银镜还在，房屋的样式也没有改动。无论知不知道这段历史，人们看到这所精致的院落都会说，在这里居住过的肯定不是一般人。

3. 脱掉将军服　成为外交家

1951 年，史家胡同老门牌 10 号由军委营房管理部接管后，由中国人民解放军高级将领彭明治居住。

彭明治，1905 年 4 月 6 日生于湖南省常宁县。1925 年加入中国共产党。1930 年参加红军。解放战争时期曾担任东北民主联军第三师第七旅旅长，第四野战军十三兵团副司令员兼参谋长。

彭明治的文韬武略深为毛泽东、周恩来所看重。1950 年 6 月 8 日，毛泽东主席任命彭明治为中华人民

彭明治

共和国驻波兰人民共和国特命全权大使，被点将成为新中国第一批驻外使节。接到周总理的命令时，彭明治正在广西指挥剿匪。但是，军令如山倒，彭明治收拾行装，迅速北上，来到外交部向周总理报到。接着就参加了外交部办公厅举办的大使培训班，学习国际法、外交文书和外交礼节。

毛主席在中南海勤政殿接受外国使节递交国书，特邀一些即将从事外交工作的将军们前往观摩，彭明治也在其中。他们躲在屏风后面观看怎样握手、怎么递交、怎样谈话、怎么告别。

在接见即将赴任的这些将军大使时，毛泽东说道：你们是新中国的首批驻外大使，都是从军队里调来的高级干部，都是将军。将军当大使好！现在新中国成立伊始，百废待举，各个部门、各个行业都需要干部。我们同许多国家建立外交关系，需要大批干部。解放军向来是我们生长干部的地方……彭明治壮着胆子说：主席，我们不懂外语，怕搞不好外交工作。毛泽东说：现在我们的高级干部中懂外语的很少，那也不能不派大使啊！暂时不懂外语，也可以当好大使。汉代的班超、张骞不是也不懂外语吗？但他们出使西域，非但不辱使命，而且功绩卓著。毛泽东又幽默地说：将军当大使好，好在哪里？首先，你们出去我们放心。周总理笑着插话：革命军人嘛，政治觉悟高，立场坚定，纪律性强。接见快结束时，周恩来郑重地提醒大家：外事工作授权有限，所以你们要经常向国内请示汇报，外交无小事，切不可掉以轻心。

1950 年 7 月 13 日，彭明治大使率政务参赞杨琪良、武官吴彪、一等秘书余湛等一行 14 人，从北京出发了。7 月 20 日，中国驻波兰首任大使彭明治将军正式向波兰总统博莱斯瓦夫·贝鲁特呈递国书。彭明治大使在任近两年中，中波两国政治、经济、文化关系发展很快，其重要特点是双方重视官方的交流和交流的计划性。

1952 年 5 月，彭明治回国后任河北省军区司令员。1955 年被授予中将军衔。1957 年后任中国人民解放军武装力量监察部副部长。1978 年 2 月当选为第五届全国人大常委。1988 年被授予一级红星功勋荣誉章，还是中国共产党全国代表大会十三届、十四届特邀代表。彭明治从 1951 年一直在史家胡同居住，直到 1993 年 5 月 10 日在北京逝世。

四、一座小院的变迁更迭

史家胡同老门牌 13 号，现为 29 号，据记载，此院占地六分四厘八毫，曾有房屋 20 间，相对史家胡同路北的这些大宅院而言，它确实应该属于小子辈。

解放前，这座院落的原房主为石贡堂，他供职于北平市公署。抗战胜利后，石贡堂将房子租给了时任陆军第 142 师参谋长兼北平警备司令部副参谋长的王金生。

不料，1946 年，北平市政府地政局以接受日伪时期的北京二中为由，认为史家胡同 13 号是内务部街 7 号北京二中的后门，对史家胡同 13 号进行了查封，并标注查封时这里的门、窗、灯、洗澡设备齐全。石贡堂只得将房屋退租，面对官司。据后来的史料显示，这座院落最终变为了公产，看来石贡堂输掉了这场官司。

解放前，这座院落的居住者为时任华北剿匪总司令部第 5 处处长、第六训练处少将组长的郝世昌。郝世

● 史家胡同 29 号门口

昌是山西霍县人，1949 年 1 月，在北平与傅作义先生一起起义，实现了北平的和平解放。

　　郝世昌搬走后，鉴于这里尚有空房，1951 年 11 月 14 日，第十一区纺织工会生产组在石学俭的带领下在这里落户，当时共有十多名工人，主要以年轻人为主，平时由工人李景春在这里常住，其余人员均寄宿在大豆腐巷胡同49号。

由于业务不多，工人们在这条胡同过往也多有不便，1952年9月，第十一区纺织工会生产组迁出了史家胡同。

1965年以后这座小院的门牌改为史家胡同29号，又回到了居民的生活业态，只是这里后来的居民越来越多，小院略显拥挤杂乱。

五、洋房院的前世今生

有人说史家胡同33号院由于没有东房，所以称不上四合院。其实不然，因为所谓四合院即是四方围合的两进院落，所以，即便少了东房，仍可称之为四合院。但如果少了前面带倒座房的一进院落，就只能称之为三合院了。史家胡同33号院，1965年以前的老门牌为14号，院内建筑中西合璧，妙不可言。

1.院落的前世

新中国成立前，史家胡同14号院（老名牌）居住着一位叫张君度的银行家。张君度是广东中山县人，早年毕业于日本早稻田大学商科，精通日文、英文，曾任保定陆军军官学校外语教官，与桂系白崇禧关系密切。他曾担任过江苏省高等法院院长，同时还兼任桂林回民

史家胡同 33 号院内

小学董事长。19 世纪 30 年代中旬，张君度涉足银行业，曾在中国银行长春分行任经理，还曾担任过联合银行总务局局长。1937 年，张君度任天津河北省银行总经理。1938 年，张君度把家从长春市迁入北京史家胡同 14 号。为此身在长春的著名诗人王又吾还曾作诗《送张君度先生之北京》曰："连湾商隐十余春，经济奇才出众伦。却被梅花搅诗梦，马蹄又趁上京尘。"1942 年，张君度再度出任河北省银行总经理。新中国成立后，张君度与两位太太仍在此居住，直到这座院子被外交部接管。

20 世纪 50 年代，这座院子曾住着印尼大使一家人，家中大概有七八个孩子，雇着一个中国保姆帮助带孩子。

2. 成为副外长的寓所

1964 年 5 月 15 日，王炳南结束了任中国驻波兰大使，升任外交部副部长，迁入史家胡同 14 号。

王炳南，1908 年 1 月 1 日出生于陕西乾县。1926 年加入中国共产党。1929 年赴日本留学。1931 年转去德国，在德期间任德国共产党中国语言组书记，旅欧华侨反帝同盟主席。1935 年任中共旅德支部负责人。他创办并主编《明星》杂志，参与领导旅欧华侨的抗日救亡活动。1936 年春奉调回国，到西安做争取西北军杨虎城部的联合抗日统战工作，并在和平解决西安事变过程中，协助周恩来等人做了许多有益工作。

抗战时期，他曾担任中共中央南方局国际宣传组负责人，长期在重庆等地从事抗日救国的国际宣传，同时进行与各国友好人士的联络，扩大中国共产党领导的敌后战场在国际上的影响。抗日战争胜利后，他担任毛泽东的秘书，参加了重庆谈判工作。随后任中共驻南京

王炳南和杨虎城

代表团外事委员会副书记兼中共代表团发言人，协助周恩来进行扩大中国共产党影响的国际宣传。1947 年春随代表团撤到华北解放区，担任中共中央外事组副组长，参与对外政策的制定。

　　中华人民共和国成立后，担任政务院外交部办公厅主任、部长助理，协助周恩来总理筹组外交部机关。1955 年任中国驻波兰大使，兼中美大使级会谈中方第一任首席代表。1964 年回国，任外交部副部长。

王炳南在中美会谈

3. "文化大革命"轶事

由于王炳南在"文化大革命"中受到诬陷迫害，其妻子张浴云 1968 年 8 月 18 日含冤去世，年仅 37 岁。

一年秋天，家住妇联宿舍的孩子陈列与伙伴，带上口袋和工具，沿着墙头儿悄悄来到王炳南家的房顶，本打算摘人家院内枣树上的枣，不料被院内几个戴着红卫兵袖标的孩子发现，厉声呵斥：不准偷枣！陈列与伙伴反驳道：允许你们到这个院子里来造反，不许我们摘这个院子里的枣吗！那几个戴着红卫兵袖标的孩子立刻回答：这是我们的家！这一来，吓得陈列与伙伴赶紧落荒而逃。

1969年11月27日王炳南一家被迫迁往外交部宿舍。

4. 新迁来的副外长

1972年3月，时任外交部副部长的仲曦东，住进了这里。仲曦东，山东黄县人。1937年加入中国共产党。曾任山东人民抗日救国军第三军第四路军政治部主任，八路军山东纵队第五支队政治部主任，胶东军区分区政委、师政委，华东野战军纵队政治部主任。

新中国成立后，历任华东军区后勤部政治部主任，军事学院政治系主任、政治部副主任，1955年被授予

仲曦东

史家胡同 33 号院大门

少将军衔。1961 年 1 月，奉调国务院外交部出任驻捷克斯洛伐克大使。1969 年 6 月，任驻坦桑尼亚大使。

1972 年 3 月，仲曦东任外交部副部长，住进史家胡同 33 号院。由于与外交部长乔冠华同住一条胡同，所以二人接触较为密切。1976 年，仲曦东迁出史家胡同。1978 年 9 月，仲曦东以中国政府代表团团长身份同越南政府代表团举行关于越南华侨问题谈判。仲曦东后来曾担任中非友好协会会长，在外交部任职十余年，

仲曦东（右二）副部长陪同李光耀（右六）夫妇游览漓江

为贯彻中国社会主义的外交路线，增进中国人民同世界人民的友谊作出了积极的贡献。1984 年 6 月病逝。

5. 又迁回来的副外长

1975 年，王炳南重新被安排工作，出任中国人民对外友好协会会长。1976 年 6 月，王炳南迁回史家胡同 33 号。

由于王炳南跟乔冠华一家关系不错，又住在同一条胡同，所以常有来往。"四人帮"垮台时，乔冠华当时正在联合国。由于做邻居的方便，王炳南在第一时间将"四人帮"垮台的消息告诉了章含之。后来在章含之

王炳南

被审查期间，她把此事供了出来，因此王炳南又受到了牵连。在"四人帮"横行的时期，因王炳南不喜欢"四人帮"，所以他受到排挤。在"四人帮"垮台时，他又向章含之"通风报信"，所以他两边都没落好。

6. 孩子们撮合的姻缘

由于"文化大革命"使王炳南和姚淑娴这两家人，同时遭到了劫难。王炳南的妻子张浴云和姚淑娴的丈夫潘自力都在这场浩劫中含冤逝世，致使两个家庭变得支离破碎。一段时间之后，两家的孩子们和朋友们都想撮合这两个不健全的家合二为一。两家的儿子们都是在同样的环境里一起长大的。当潘自力出任驻苏联大使时，夫人姚淑娴就把儿子留在北京，交给王炳南和夫人张浴云监护。两家孩子们之间，相处友好。"文化大革命"中，两家孩子又都度过了一段孤苦伶仃的生活。因而"文化大革命"后期，孩子们又在北京相遇，共同语言很多。他们都想走出家门，走出国门，但让他们把受过迫害的长辈留在家里，都有些放心不下。两家儿子们经过研究，为了能解除后顾之忧，又考虑到王炳南和姚淑娴他们既是老朋友、老战友，有过几十年的交往，又都在对外友协工作，彼此朝夕相处，一致认为，由儿子们出面，推动两家的父和母生活在一起。这时，潘自力的朋友和王炳南的朋友对他们的孤独生活也非常关心。朋友们也向王、姚二人建议两家应该合二为一，以安度晚年。在孩子们和朋友们的推动下，1977 年，他们在国际俱乐部，请来各方亲友，搞了一次晚宴，共同喝几杯喜酒，就算成立了一个新家。

7. 副外长夫人的所爱

姚淑娴与前夫潘自力原来曾是跟乔冠华和乔冠华的前夫人同是住在报房胡同外交部宿舍时候的邻居，关系很不错。而今又嫁给王炳南的姚淑娴又与乔冠华的新家成了邻居，但是姚淑娴还是从心里不太接受章含之，所以平常很少来往。用她的话来讲就是："人各有所爱。"

可后来姚淑娴却和胡同里的许多人成了好朋友。例如，画家罗公柳在 1976 年地震的时候，曾经在王炳南的院子里搭过地震棚，他们家都搬到这个院子里，以后就常来这个院子里跟王炳南和姚淑娴聊天、吃饭，也给他们绘画。有时，王炳南和姚淑娴也去到罗公柳家串门。

另外，诗人艾青也在这条胡同住过，他也是王炳南和姚淑娴的熟人。还有，住在马路对过，人艺宿舍里的演员金雅琴是通过在居委会开会与姚淑娴认识的，她也常来这座院里与姚淑娴聊天。

1988 年 12 月 22 日，王炳南因病在北京逝世。遵照他的遗嘱，家属把他节余的 2 万元积蓄，全部捐献给他的家乡办学，修了一所"炳公学校"，又把他的骨灰撒在家乡的原野上。

六、沉默的低矮院落

北京胡同中外表低矮的院落往往是年代更加久远
的院落。史家胡同老门牌 18 号，现为 39 号，这座胡同
中低矮的院落却保存得比较好。

1. 接收闹剧

至于史家胡同老门牌 18 号的这座院落，更为久远

史家胡同 39 号院内

的历史，目前还无据可考，只知道这里曾是 1939 年 8 月日本华北开发社和华北临时政府共同出资成立的华北盐业株式会社的分社。当时其总社设于天津，业务范围为"盐之生产、加工、再制、买卖及输出移出"，并经营制碱及盐业金融等。

抗战胜利后，蒋介石迅速派出接收大员到各地进行接收。1945 年 9 月以后，国民政府迫不及待地成立了名目繁多的接收机构，地方上有行政院接收计划委员会、行政院敌伪财产接收委员会等，军事单位也是捷足先登，每人都带一大把盖了大印的封条，满街看房子，甚至出现过这个单位的封条，被另一个单位的人撕去，再换上自己单位的封条。

1946 年 10 月，北平市政府地政局奉行政院的指令对史家胡同 18 号华北盐业公司北平分公司办事处及小方家胡同 15 号的华北盐业公司北平分公司办事处职工宿舍进行了接管。

这两处房产均有正式的契据，其内部家具等也都是该公司自购。但是，在这期间中央信托局北平分局称受河北平津区敌伪产业处理局的委托，一再派人员与北平市政府地政局交涉，要求接收这两处房产的家具，后来索性发来公函，称这两处房产的家具要依照惯例转移给中信局接收，如果地政局仍有需要，可以给予优先租用等。

史家胡同 39 号院大门

　　北平市政府地政局认为房屋家具属于接管被接管公司资产的一部分，不能单独分离处理，况且此房屋还要继续经营，没有必要进行重复租用。最后以代电的形式向敌伪产业处理局重申，要求其承认市政府地政局对史家胡同 18 号及小方家胡同 15 号的全部接管。

　　不知这场接收闹剧最终是以何种形式收场，不过这座院落在北平解放前夕已为中国盐业公司的宿舍。

2. 学者型的女干部

1952 年 7 月 2 日，史家胡同 18 号院入住了一位名叫王雪莹的学者型女干部。

王雪莹，1901 年出生在浙江省温岭市一个偏僻的农村。幼年刻苦自学，考入省立女子师范学校后又转入省立医学专门学校。1935 年，自费留学德国，就读于维兹堡大学药学院。1938 年获药学博士学位。1940 年学成回国，担任杭州民生制药厂上海分厂厂长。1946 年担任上海中华酸碱厂厂长，并兼任英士大学教授。解放战争期间，一度担任宋庆龄的秘书，投入爱国民主运动。1948 年 6 月 5 日，上海举行反帝示威大游行，著名教授郑太朴与进步学生被国民党军警围困达 10 小时之久，经王雪莹机智接应脱险。她还多次让进步学生隐藏自己住处，躲过军警搜捕，并资助路费，转送解放区。

新中国成立后，王雪莹任华东工业部酸碱组组长。1951 年 2 月 24 日进京，1952 年 7 月 2 日入住史家胡同 18 号院。后来，她历任华东工业部、重工业部工程师，化工部科技情报研究所高级工程师、技术顾问。

在管理化学农药生产时，王雪莹率先提倡生物防治，反对滥用农药，继而又提出在化肥生产过程中添加微量元素，提高肥效。她曾是第二、三届全国政协委员，第四、五、六届全国政协常委。

晚年，她致力于环境地学、微量元素与人体健康关系研究。80 岁高龄时，两次跋山涉水，深入太行山区，考察食管贲门癌病因，探索用微量元素防治食管贲门癌的可能性。曾发表论文《微量元素防治癌症初探》、《微量元素与祖国医学》，受到学术界重视。1984 年，捐款 1 万余元建立王雪莹环境地学、微量元素与人体健康研究奖励基金。

1985 年 3 月，王雪莹在她生命的最后一年，加入了中国共产党。在弥留之际，她将毕生所积累的中外科研资料全部献给国家。

走进史家胡同 39 号这处低矮的院落，院内充斥着了古朴感的寂静，我们似乎面对的是一位沉默的老人，她也好像在细细打量着面对自己的晚辈，欲言又止。

七、胡同酒店忆往昔

史家胡同 41 号，现在是一座具有东南亚建筑风格的酒店。它的前身是武警招待所，武警招待所的前身是武警驻地，而武警驻地的前身则是解放军平津卫戍区纠察总队一大队的驻地，1965 年以前的老门牌是 20 号。

话说 1945 年 12 月，有一位名叫江宝苍的居民给北平市伪占用公私房产地产清理委员会递交了呈请，乞求将 1938 年 7 月被日本人石田清强买的内一区史家胡同

位于史家胡同41号的酒店

20号民有房产按照原价备款领回,以维护自己的产权。在呈请中得知,1938年7月,此处房产被日本人石田清强买,并开设了"一乐料理馆"。

江宝苍乞求索回自己产权的结果如何,不得而知。但有史料记载,1948年,国民党宪兵第十九团征用了史家胡同20号作为团部营房。占地后,北平市警察局清洁总队还曾对这里的垃圾进行了彻底的清除。

1949 年 1 月，北平和平解放。解放军平津卫戍区纠察总队一大队进驻此地。当时，平津卫戍区纠察总队共分四个大队，一大队担负的是维护北平社会治安，保卫党中央和中央人民政府的任务，所辖内城七个行政区，每天都会在卡车上架着机枪巡逻。

可是，原驻扎在史家胡同 20 号的国民党宪兵十九团没有跟傅作义一起出城整编，而是就地解散，很多散兵游勇化装成老百姓混迹于城内，对社会治安造成了威胁。1949 年 2 月 12 日，北平市警备司令部发出布告，命令原国民党宪兵十九团官兵于本月 20 日前报到登记，交出武器、证件，违者严办。

再后来，解放军平津卫戍区纠察总队一大队转为武警，驻扎在这里，直到这里成为武警招待所。

现在再到这座已成为酒店的院落西侧，就会发现这里还保留着过去大宅院才有的内院和罩院，证明这里过去肯定是一座规格较高的四合院。

八、鸳鸯宅里故事多

现在的史家胡同 43 号、45 号院，在 1965 年以前的老门牌是 21 号、22 号。这两座院落在胡同里众多的大宅院中显得有些平淡无奇，其实这两所紧邻的宅院过去曾是建筑风格几乎一样的院落，人们称这样的院落为鸳鸯宅。在这两座院落里发生的故事也不少，只是它被历史的积年岁月淹没了。

1. 孙武的终老之所

辛亥革命胜利后，战功卓著而自行隐退的孙武从南方迁居到这里。这位 1880 年出生于湖北汉阳的英雄，少年时在湖北武备学堂念书，1904 年 9 月赴日本学习陆军，归国后加入武昌日知会。1908 年夏，再往日本，研究野外战术及新式炸弹，并在东京组织共进会，任军务部主任，不久被推为湖北主盟，回鄂策划革命。1909年，参加梧州起义，起义失败后退居香港，加入孙中山领导的同盟会。1911 年，被武汉共进会、文学社等团体推选为主席。武昌起义后，任湖北军政府军务部部长，1912 年 3 月，由于上层意见分歧，自行引退，来到北京，租住在史家胡同 22 号院（老门牌）。

这段时间，曾被封为"义威大将军"的孙武，除了挂着参政院参政、湖北地区清查督办的闲职外，几乎过着隐居的生活，这里成为他人生栖息的最终之地。

尽管如此，哪里知道他隐居在这里，高官显达们也常常来此探望。比如，冯国璋、沈传芳就经常来。

孙武于 1939 年 11 月 10 日病逝于史家胡同。灵柩先存于北京嘉兴寺，两年后浅葬于北京拈花寺菜园。北平解放前夕，孙武的家人在傅作义的安排下，出京城转道天津，到上海定居。

1957 年，在董必武的协助下，孙武墓迁葬北京东郊人民公墓。"文化大革命"中，孙武墓被毁。1981 年，孙武的子女将其骨灰运往武汉，安葬在武昌伏虎山辛亥首义烈士公墓内。

2. 沉淀下来的办学人

1946 年，守寡的卢定生女士购置了史家胡同21号、22 号这所鸳鸯宅，想在这里度过悠闲的生活。

卢定生，1894 年 9 月 15 日生于湖北省沔阳，在天津女子师范毕业后到美国留学。卢定生的父亲卢靖，字

史家胡同 45 号院门

木斋，晚清时任直隶提学史，在天津曾创建蒙养园和木斋小学，1932 年，卢靖在蒙养园和木斋小学的基础上设立中学部，1938 年正式称作"木斋中学"。1939 年增设高中部，任命其在美国留学的三女儿卢定生为校长。卢定生就任木斋中学的同时，又在北平的史家胡同购置了这所鸳鸯宅。就在卢定生往来于北平、天津之时，丈夫患病去世，使卢定生情绪十分低落。

1942 年，卢定生的父亲卢靖命其五女儿卢毅仁接替三女儿卢定生任木斋中学校长之职，让卢定生在北平潜心料理家务，培养后代成才。

在卢定生的精心培育下，长子娄昌后毕业于美国柯勒多大学。三子娄成后毕业于清华大学并留校成为教授。四子娄光后毕业于南开大学，成为天津五洋贸易公司经理。六子娄康后毕业于燕京大学，成为北京农业大学教授。

新中国成立后，由于多种原因，卢定生在史家胡同 21 号、22 号的房产先后被占用。儿女们随母亲迁往史家胡同路南的 49 号，并陪伴母亲在这里走完了最后的人生。

而今，天津市二十四中学已是河北区重点中学，在他们的校史里显示其前身是私立木斋中学。史家胡同老门牌 22 号（现为 45 号）院里的那座破旧垂花门还仿佛述说着院主人的陈年往事。

3. 洋人扎堆儿的住所

史家胡同老门牌 21 号（现为 43 号），解放前，在这里租住的洋人可不少，这也许跟院主人、曾经有留美经历的卢定生有关。

1948 年 3 月 25 日，时年 52 岁的美国公理会牧师

史家胡同 43 号大门

蒲克明迁住到这里，这位牧师博士不仅是基督徒，而且还是万国规矩会北京分会的会员，也是国际扶轮社北京分社的理事。奇怪的是他来到北平后，逐渐接受了道教，继而又成为老子思想的传播者。

1948年9月9日，加拿大籍基督教传教士木禄兰由美国使馆搬到这座院子居住。随后，57岁的英国裔加拿大籍基督教传教士郭励良女士也来到这里。也许是同路者，为了方便切磋传道经验的缘故，时年37岁的荷兰籍柯女士、挪威籍的慕爱怜女士、李智良女士、明美秀女士都先后入住本院。

当然，在本院居住的也不仅仅是洋人，还有英国文化委员会电影放映员陈作民和英国文化委员会公事房工友金恒悌。这个金恒悌，他可是清朝废太子允礽第六子弘曣的后代，为了生计，这位清朝皇族的后代也不得不沾上了洋气。

4. 从商的外交家

1950年8月20日，原国民党政府驻英大使郭泰祺的弟弟郭泰桢由上海迁入史家胡同21号院。

郭泰桢，1898年1月19日出生于湖北省广济县，美国纽约大学经济系毕业，早在孙中山时期为驻美代表办事处秘书，后在国民政府外交部任秘书。曾参加民革、民盟组织。民国时期曾任外交部海关监督、外交部条约委员会委员，北京扩大会议宪法起草委员会委员，西南国民政府战地外交特派员，外交部驻沪办事处处长、外交部汉口第三特别区市政管理局局长等职。

1941 年，太平洋战争爆发后，郭泰桢任国民党贸易委员会总会副主任委员、立法院委员。日本投降后，郭泰桢任香港和兴行总经理、上海源泰五金号经理。

新中国成立后，郭泰桢辗转来到北京，居住在史家胡同 21 号。到了 1951 年元月 28 日，郭泰桢一家由史家胡同悄然迁往地安门外油漆作安居里 4 号。

5. 台盟会员的聚集地

20 世纪 50 年代初，史家胡同 22 号住着台湾民主自治同盟会秘书孙洁民、孙克文父子。同时在这里居住的还有台盟会员林汉民、林觉民（铿生），他们的籍贯都是台湾台北。

林铿生是一位工商业者，生于 1906 年。1948 年曾在北平担任北平台湾同乡会会长。1949 年加入台湾民主自治同盟。同年 7 月 3 日，在北平举行了台盟华北总支部成立大会，林铿生被选为主任委员。同年，作为台湾民主自治同盟的候补代表，出席中国人民政治协商会议第一届全体会议。他作为北平台湾同乡会会长、工商业者，由北平市方面推选出来担任台盟的候补代表。

1949 年 10 月，台盟总部决定以参加第一届政协大会的代表为总部理事，并成立理事会，谢雪红为主席，杨克煌为秘书长，李伟光、王天强、田富达、林铿生为理事。同年 11 月，总部决定在上海正式成立总部机关并开始办公。在北京另设驻京办事处，由林铿生出任主任，郭烈为副主任。

林铿生时任隆懋贸易行经理，同时也是天津联成行茶叶庄经理。1951 年 5 月 25 日，林铿生从干面胡同 18 号迁入史家胡同。正当林铿生在政治和事业生涯蒸蒸日上的时候，不料，1951 年 12 月，林铿生却突然因走私罪被捕入狱，台盟总部遂任命林云兼任台盟华北总支部主任委员。自此，林铿生淡出了人们的视线。直到

台盟理事会主要成员合影，右一：林铿生；右四：谢雪红

1977 年林铿生去世。至今人们还对于他为何在自己人生的巅峰时刻，命运却突然出现逆转而感到匪夷所思。

九、从基督堂到少年活动站

在史家胡同曾经记载有一座基督徒会堂，而今我们费尽周折也没有见到这座教堂。那么，这座教堂到底位于何处？我们不断地向老街坊进行咨询和探访。

1. 老街坊讲述基督堂

据老街坊们说，史家胡同的基督徒会堂当时人们都管它叫教会堂。这个教会堂那时位于史家胡同偏西口南侧，大门是朝北开的，对面是老名牌 24 号的萧家，也就是后来章士钊曾住过那个院落。当时 24 号院正对着的是一个大照壁，而教会堂就紧贴着那个大照壁。

据他们说：教会堂平时没人，但每到礼拜天一大早儿就会有好多人从四面八方赶过来，都是毕恭毕敬，非常虔诚的样子。他们进入教堂里坐好，此时教会堂显得庄严肃穆，风琴一响就开始唱歌，仪式开始了……

1958 年夏天的一个早晨，在这座教会堂周围聚集了许多人，都听说，在那个教会堂传教的王明道被政府抓起来了。

2. 基督徒会堂的主人

史家胡同基督徒会堂是王明道与信徒们建立的。

他们从 1933 年开始设立聚会，1937 年在史家胡同 42号、43 号建成基督徒会堂。开始规模不大，曾有 300余人受浸。基督徒会堂门前总挂着一块牌子，上面写着"你若信主耶稣，你和你一家必得救"。

1949 年，解放军进入北京。许多教会的传道人都处在一种自我恐慌的无序状态中。2 月 23 日，北京各教会成立了"北平基督教联合会"，主要讨论如何在政权更迭后求得生存。他们最关心的问题就是：共产党宣扬无神论，新政权上台后，会不会首先就拿教会开刀？如果共产党对教会采取措施的话，教会该如何应对？

1950 年 6 月 25 日，朝鲜战争爆发，10 月 25 日，中国开始了抗美援朝战争。1951 年 11 月，上海开办了第一届基督教"三自革新运动"干部学习班，对信徒的思想教育及改造借此开始。然而，全国各地还是有许多信徒拒绝参加"三自"运动。当时北京有 60 多个宗教团体，但有 11 位教会或宗教团体的负责人拒绝参加"三自"运动。他们拒绝参加的理由是认为自己早就是自治、自传、自养了，所以没有参加的必要。在这 11位的代表中就有王明道、袁相忱等。

1954 年 7 月 22 日到 8 月 6 日，"第一届基督教全国会议"在北京灯市口卫理公会召开，发表了《告全国同道书》，把"三自革新运动"更名为"三自爱国运动"，并正式成立了"中国基督教三自爱国运动委员会"。

1954 年 9 月 30 日，北京市政府邀请不参加"三自爱国运动"委员会的 11 个宗教团体的近百人，到中山公园中山堂后面的议事厅开会，又一次争取这 11 个团体。会上，宗教事务处的领导劝大家加入"三自爱国运动"委员会。在这 11 个团体中的王明道先生也作了发言。他讲了他本人不肯参加"三自"的原因：一是认为自己本身很早就已经"三自"了，所以没有参加的必要；二是认为自己是基要派的，他的信仰与"三自"主要领导的新派信仰有很大的不同，并直言不讳地把新派称为"不信派"。这次座谈会是双方第一次在桌前坐下，摆明自己的立场。

1955 年 8 月 7 日，在肃反运动中，王明道夫妇以"反革命分子"罪名被捕。不久被释放。1958 年，王明道夫妇又被捕了，从这以后，史家胡同基督徒会堂被充公。

3. 成为少年活动站

1959 年秋天，在原史家胡同基督徒堂成立了史家胡同少年活动站，使住在这里的孩子们又增添了一处施展才华的殿堂。

少年活动站刚开放的时候是礼拜天早上 9 点钟，一下子吸引了好多孩子，当时北京刚刚有了电视机，在少年活动站门口贴了一张布告，让大家去看电视，门票是 5 分钱一张。在里头可热闹了，大部分人都是来看电视的，电视屏幕当时也就是一个十寸左右的，但盒子很大。活动站的地上放了一些凳子，那个电视机放得又低，大概得有上百人伸着脑袋瞪着眼看。新闻过后，演了电影《洪湖赤卫队》，放到中间的时候，信号没了，全是条条道道的闪，那些孩子们就不断地喊，喊了一会儿，那条条好了一点，后来又不行了，最后凑凑合合才把电影看下来。

1989 年 10 月底，史家胡同基督徒会堂的王明道被释放，定居上海。

20 世纪 90 年代，在东四南大街东侧史家胡同至干面胡同之间筹划建楼，拆掉了史家胡同西口南侧的史家胡同少年活动站以及京华邨一带的许多院落，使自元大都建城以来有 700 年历史的史家胡同传统风貌不再完整。

十、王大夫的牙科诊所

王洁泉，1932 年毕业于美国匹兹堡大学牙医学院，获医学博士学位，同年回国。他于 1933 年由秦皇岛来到北平，担任北大医学院教授，不久娶了从事幼教工作的北平姑娘高莲珍，居住在灯市口大街 62 号。1945 年，北京大学医学院齿学系改名为牙医学系，现在口腔修复专业的内容，当时分为义齿科和牙体外科，由于王洁泉在义齿固位系统及整铸支架中首先提出应用非贵金属，得到推广应用，故被聘为义齿科主任。1947 年，王洁泉又购置了史家胡同老门牌 48 号的院子。

1950 年 11 月，43 岁的王洁泉在史家胡同老门牌 48 号开办了牙科诊疗所，聘请曾任国民党军医官的王和福和在上海起义的军官王龙以及 36 岁还未成家的姑娘朱兰芳为护士。由于王洁泉是著名的口腔矫形专家，找上门来的患者络绎不绝。王洁泉也诚心为患者提供优质、全面的口腔修复服务，在这里不知有多少患者恢复了健康的口腔和自信的笑容。

后来由于王洁泉担任北京医学院附属口腔医院矫形科主任、北京医科大学口腔医学院教授等职务，不得不放弃在史家胡同的牙科诊疗所。回到理论与实践中的王洁泉担任了北京医学院口腔特珍科主任，潜心撰写了《不锈钢在局部义齿的应用》、《浅谈局部义齿的牙＋合、总义齿牙＋合的概念》等论文。而今，北大口腔医院口腔修复科采用的修复方法和修复材料均与世界先进水平同步。王洁泉作为全国口腔医学专业的奠基人、中国口腔医学的泰斗，功不可没。

十一、大宅门的败落

提起史家胡同，老人们都会说那里有许多大宅院。可现在再到史家胡同就会发现从旧社会一直住到现在的老住户并不多。可一旦遇见老住户，聊上一会儿，他们肯定会告诉你许多大宅门的故事。

1. 大宅门里的女舵手

史家胡同 49 号原来有名的索家大院。早在清代，索家的老祖特克慎曾在蒙古做过库伦大臣。索家在清末曾经娶过一家王府里的九姑娘，因为没有子嗣，她后来又回到了王府里，索家的后代自小要到王府里去拜见这位老格格，孩子拜到 18 岁了，王府里说，以后不用再来了，这样也就断了关系。

据说，索家买这个院子大概是在 1915 年左右，索家的老爷和当时交通总长梁敦彦的次子梁致祥是拜堂兄弟，他们同时买下了紧挨着的院子，索家的是 47 号、48 号、49 号、甲 49 号，梁家是 50 号。老门牌 49 号的东边就是老门牌 50 号，现在的 44 号。由于两家关系好，老门牌 50 号跟索家的 49 号共用一个大门口儿，两边的人家可以来回串。

但是索家毕竟属于满人的纨绔子弟，以前在前清吃俸禄。过去索家曾嗜戏如命，且能玩出花样，随着清朝的轰然倒塌，自己又没有太多的技能，家境也开始败

索家宅院平面图 ●

落。后来操持索家家务的是嫁到索家的王筱岩，她是见证索家兴衰的重要人物。

王筱岩，1882 年 9 月 29 日出生于河北大兴县，父亲曾给慈禧当过买办，家里留下不少带有西洋色彩的东西，包括一些珠宝。王筱岩早年毕业于蚕业讲习所，小时候学过珠宝设计，家里好多珠宝的样式就是她设计的。

1937年，王筱岩由皇城根的口袋胡同12号嫁到史家胡同的索家，嫁来后不久就守寡，由于去世的丈夫排行老大，她又不得不主持索家的家务。后来她将蚕业讲习所的同学、国民党著名将领贺国光的堂妹介绍给了小叔子，成了家。按满族人的习惯，如果自己没有子嗣，将来小叔子的长子要过继给她。索天章就是小叔子的长子，过继给了自己的大妈，所以索天章有两个母亲，小时候又得到了两家老人的宠爱。索天章18岁考上了清华大学，又读了研究生，抗战开始，他南下贵州。抗战胜利后到上海工作，1953年，又举家从上海迁回北京。

索天章的弟弟索天翰，1920年9月24日出生，在王筱岩的调教下考上了师范大学，但是他跟国民党著名将领贺国光的后代贺知刚非常要好，毕业后加入了国民党中统局，并在《国民新闻报》任总务。索贺氏的内侄贺知刚后来也住在索家，他1918年3月4日出生于湖北，东北大学毕业，曾任嫩江省政府秘书，之后任《国民新闻报》副社长。

王筱岩的大侄子王桂荪和小侄子王晋民后来也迁到了索家。在王筱岩的严格管教下，王桂荪毕业于北京大学，后来在平津铁路局工作。王晋民大学毕业后在市政府田粮处工作。

2. 索家的派头

过去，索家大院儿屋里的许多摆设都跟宫里相似，比如，立在地上有大花架子的水银镜，宽有 1 米 5，高有 2 米 5，锃明瓦亮。还有徐世昌总统的大地轴镌刻着"至性过人"。据说索家跟徐世昌走得比较近，跟京师自来水公司的董事长周学熙也常有来往，京师自来水公司成立后，索家就买了不少那个公司的股票。

"文化大革命"以后，索家的许多房子已物是人非，住在原来有水银镜那屋子的人，嫌屋子窄，剔了一面墙，结果把藏在墙里的水银镜露出来了，这一露，受潮，水银一下子就跑了出来，水银镜从此丧失了它的功能。

老门牌 49 号原来有个车门，是搁马车、走马车的地方，所以门很宽。以前索家有十多个仆人住在西北屋，同时还住着一个老水工，每天早晨套上马车到玉泉山去拉水。当时，王筱岩也比较威风，她的马车锴锴一响，佣人们都得出去迎接她。

索家当时的院子要高出胡同路基四级台阶，房子的基座要比院子高出近 60 公分。院儿里最高大的房进深 10 米、高 6 米，房脊有七根檩条，墙是五檩的，梁也有半米多厚。所以，索家的房在胡同里显得比较高大。当时，院儿里有垂花门，垂花门与房之间有回廊环

史家胡同 48 号门前

抱，院子里有大鱼缸。大院的东南角有门可通老门牌
50 号。

3. 呈现颓势

由于清朝覆灭后，灌输的基本上都是人们往往认
为满族是剥削阶级，是卖国求荣的，是割让土地的……
所以在北京的满族人后来都改为汉姓，绝少有人学习满
文，绝少有人提及自己的历史，逐渐融入到汉文化的洪
流之中了。

史家胡同46号门口

王筱岩维持的毕竟是一个没落的满族大家庭，光阴荏苒，世事多变，索家就像逐渐瘦死的骆驼，后来靠变卖房产、家产维持生计。1943 年，将 47 号卖给了家在八面槽的关靖华；1946 年 12 月，将甲 49 号卖给了中央航空公司北平电台副台长陈荷生；1947 年，又将48 号卖给了牙科专家王洁泉。索家逐渐从四个大院卖

索家、王家分产协议书

到最后一个院，变卖后的院子一般都进行了拆改，原来的垂花门、游廊等已荡然无存。

1954 年，王筱岩带着对原来家中美好的回忆去世了。

1969 年由于中苏边界紧张，在"深挖洞，广积粮，不称霸"的号召下，索家大院也没有逃过这一劫，不但院里的花园被破坏，而且防空洞也给日后院落的塌陷埋下了隐患。

"文化大革命"中，过去在史家胡同 49 号小阁楼上索家祖上的牌位和家谱也被家人悄悄地烧了，随着这悄悄的火光，原来这座大宅门的故事也都灰飞烟灭了。

十二、从一座院落到一幢楼房

史家胡同 44 号是一座部队家属院，院内有一幢 6 层楼房。现在没有人能把这幢楼房和一座院落联系在一起，因为那是需要鼓起勇气进行想象的。而这幢楼房恰恰是由过去的一座老院落演变而来，这座院落的老门牌是 50 号。

1. 带洋房的花园

史家胡同老门牌 50 号，原是一座有洋房的花园，里面花草葱翠，鱼翔浅底，假山叠石成趣，这座院落的主人名叫梁致祥。梁致祥，字怡如，1895 年 9 月 16 日生于广东顺德县龙眼村，是晚清留美幼童、后来成为民国交通总长的梁敦彦的二公子，他早年留美学习机械，回国后任中美文化协会秘书长，收入颇丰，待遇优厚，又由于他娶了同仁堂乐家的小姐乐静涵为妻，可谓是官商联姻、强强联合，拥有这样的一处院落也就不足为奇了。

这处院落不仅是梁致祥一家儿孙同堂的栖息地，同时也是亲戚们相聚的场所。梁致祥的姐姐嫁给了詹天

史家胡同 50 号院

佑的儿子，詹天佑的孙子、孙女就时常在这里居住。乐
静涵的弟弟后来成为同仁堂掌门人的乐松生一家和乐静
涵的妹妹乐琳奈一家也住在史家胡同，因此，这处别有
洞天的大宅门经常会充满亲戚相聚的欢乐。

2. 让给部队首长

新中国成立后，解放军部队与傅作义的部队换防
进入北平这座大城市。进城后，部队要为总参谋长徐向
前寻找一处住所。这位深受官兵们爱戴、功勋卓著的军

史家胡同老门牌 50 号院墙遗存 •

队高级首长，在身经百战之后，已身患肺病和偏头痛症，军委营房管理部急于为他寻找一处休息之所。经过勘察，军委营房管理部认为史家胡同这处院落较为适合，于是就派人洽谈。梁致祥得知详情后，充分理解部队的困难，为顾全大局，他将这处院落进行了有价转让，由于刚解放不久，货币混乱，通货膨胀加剧，经双方商定用布匹来取代货币，进行交换。于是这所院落被解放军军委营房管理部接收，作为总参谋长徐向前的居住地。

徐帅在此居住其间，与胡同里的邻居关系融洽，对管片民警和居委会的工作更是给予大力支持。管片民警老董说：即便在困难时期看望徐帅时，徐帅仍要送给他们一些香烟，让他们在执勤时享受一丝温暖。后来，什刹海一带的河道改为街道，徐向前元帅的住地迁往什刹海地区曾为河道的柳荫街。

1962 年 9 月，李天佑上将调任中国人民解放军副总参谋长，11 月，到北京就职，入住史家胡同 50 号院。

李天佑将军

有一天，街道办事处干部找到人艺宿舍大院的演员牛星丽的父亲牛汉俊，知道他有文化、认识字，虽然老了，但政治上靠得住。问牛汉俊："您能每个星期去

李天佑他们家，为李天佑将军念报纸吗?"那时候，孩子们觉得这是一件特别新鲜的事，可是牛爷爷却挺严肃地说:"可以。"在那个年代，邻里之间互相帮助的事总会通过街道办事处找一些老人进行交流，为街道提供服务。

1970 年 9 月 27 日，李天佑将军因病在北京逝世。李天佑将军一家搬走后，为缓解部队家属住房的紧张状况，在这处院落建起了六层楼房，住进了五六十户人家。过去，从 50 号搬出的梁致祥一家因不舍得离开史家胡同，又在 1951 年购买了史家胡同路北的 12 号房产，直到 1968 年 7 月 4 日梁致祥在那里去世。

十三、龟缩在甲 52 号的人

1948 年，史家胡同老门牌甲 52 号的黄家，租住着一位深居简出的少将刘伯阳。这时，辽沈战役已经结束，可刘伯阳的官职还是锦州指挥所少将组长。那场恶仗，对于这位时年 36 岁的将军来说仍感惊魂未定。

1. 投身于善变的主子

刘伯阳，字肇，河北大城县人，国民党中央军校第十期毕业。从军后，他投身到郝鹏举的帐下，开始了不同寻常的军旅生涯。

郝鹏举早年曾参加冯玉祥的西北军。冯玉祥对他厚爱有加，一直升到少将旅长。可是，1930年爆发冯、阎联合反蒋的中原大战，在冯军节节败退的情况下，郝鹏举却联合河南同乡密结帮派，背叛了待他恩重如山的冯玉祥，反戈一击，倒向蒋介石。1937年蒋介石安排他到胡宗南手下，做了个中校副官，但始终得不到胡宗南的信任。于是，他开始散布对胡宗南的不满，其间，又因与军官家属发生"桃色事件"，被胡宗南逮捕关进监狱。后来，郝鹏举买通看守得以逃脱。

1940年3月，汪精卫公开投降日本，郝鹏举见时机已到，就给汪写信，表示拥护他提出的和平救国主张。于是，在1942年2月被汪精卫任命为武官公署中

郝鹏举

将参赞武官长，并兼任由汪精卫亲任团长的中央陆军将校训练团教育长。

1944 年 1 月 13 日，汪伪中央政治委员会决定在徐州成立"淮海省"，并任命郝鹏举为省长兼保安司令、徐州绥靖公署中将主任。郝鹏举当然也没有忘记跟随他多年的小兄弟刘伯阳，同年 5 月 10 日，在他的建议下，刘伯阳被任命为"淮海省"保安司令部少将副司令。然而，随着汪精卫 1944 年 11 月 10 日在日本病死，日本侵略军日渐颓势，郝鹏举又立即转向，给蒋介石写信表示"效忠"。蒋介石决定"不计前嫌"，任命郝鹏举为第 23 集团军新编第 6 路军总司令，任命刘伯阳为参谋长。

2. 由国军投向共军

郝鹏举与刘伯阳摇身一变，由汪伪汉奸成为了"国军"的高级将领，又秉承国民党的旨意占领了徐州。可是，他们刚被授予高官的头衔，就接到开赴"剿共"前线台儿庄的命令。

在作战中，他们前面是英勇善战的新四军，后面是装备精良的国民党正规军，他们这个杂牌军夹在中间，随时有被战火吞噬的危险。此时的郝鹏举对蒋介石十分不满，于是他与刘伯阳等人商议，写信并派人与新四军的领导人陈毅联系，表示要投奔共产党。陈毅同志随即嘉勉他弃暗投明反内战的义举，是勇敢的正义行动，值得钦佩，值得欢迎。

1946年1月9日，郝鹏举与刘伯阳等率所部4个师、一个特务团共两万余人，在台儿庄前线宣布起义。起义后改番号为中国民主联盟军，并发表《退出内战，拥护民主宣言》。

为教育改造这支队伍，陈毅将其改名为华中民主联军，纳入我军序列。但蒋介石深知郝鹏举是一个唯利是图、有奶便是娘的不义之徒。他一面派密使威胁，一面又公开拉拢。看到国民党军队开始向解放区大举进攻，郝鹏举又产生了动摇。在此期间，郝鹏举一方面故作姿态，公开了蒋介石给他的密信，驱逐蒋的密使。8月8日还向全国发表"反独裁，反内战"的通电。但不久，郝鹏举便看到国民党军队向苏北、鲁南解放区疯狂进攻，并占领了多处城镇据点。郝鹏举以为共产党大势已去，时机已到，便撕下了最后的伪装。

3. 从背信弃义到束手就擒

1947年1月26日，郝鹏举以新四军来电话叫他去谈话，欲将其扣押为借口，与副司令毕书文、参谋长刘伯阳密谋，决定立即倒戈。次日，郝鹏举在连云港就任国民党第四十二集团军总司令兼鲁南绥靖区司令官，刘伯阳续任参谋长，同时宣布"还军与国"，率部公开叛变，重新投靠了蒋介石。

对于郝鹏举的不义行为，我军发电予以谴责并再次规劝他不要进攻解放区；同时制订了"郝部北进时予以歼灭"的作战计划。然而郝鹏举拒绝严正警告，率所部开至陇海东段白塔埠以北地区。1 月 29 日开始北进参加前线作战，并抢占了岗庄湖、驼峰、鲁兰等村镇，扣押了我参加粮食工作会议的干部 100 余人。此时，国民党以重兵企图在临沂地区与华东野战军决战。

为引诱进攻临沂之敌东援，创造歼敌战机，华野决定发起白塔埠战役。华野二纵司令员兼政委韦国清接受作战命令，于 1947 年 2 月 3 日晚率领三个师由山东郯城南下，昼夜兼程，5 日晚到达白塔埠，将郝鹏举的部队包围。6 日晚我军第 4 师、纵队特务营、滨海军区第 1 团担任主攻，第 5 师、第 6 师实施围歼。郝鹏举组织部队企图突围。经过一天的激烈战斗，郝部大部被歼，郝鹏举束手就擒，而刘伯阳却侥幸逃脱。

4. 主子下场可耻　奴才蜷缩潜逃

当郝鹏举又见到陈毅军长，即说："万分对不起人民，对不起军长，今天能见军长一面，虽死无憾，不知军长能原谅我吗？"陈老总严肃指出："但你们硬是不听话，竟敢于 2 月初即参加前线进攻，我这时才派部队迎击，一昼夜捉你过来。"陈毅心情激动："我在这里明白告诉你，对于你反水再叛拖走部队，我是料定了的。对于拖走后，如敢反噬，定可迅速缉拿归案惩办，也早料定。"陈毅歇了一下，以浓重的四川话强调："我还可以告诉你，你们拖走部队时，竟捕杀我派去的联络人员，则出乎我陈毅预料之外。由于我未料到人之无良心竟到这种地步。"

1947 年 4 月初，当押解郝鹏举的战士们在过河时，突然遭遇国民党飞机的轰炸阻击，郝鹏举趁机逃跑，被战士们击毙在河滩上，成为我军在解放战争中唯一一名被击毙的被俘国民党高级将领。

随着辽沈战役的尾声而溃逃到北平的刘伯阳，虽然蜗居在史家胡同 52 号，但依然过着惶惶不可终日的生活。新中国成立后，刘伯阳早已不知去向。

十四、假门里的真故事

史家胡同老门牌 55 号、现为史家胡同 20 号人艺宿舍西侧的一座随墙假门，可这里原来真有一座不小的院落。据人艺的老人说，刚来时，这是一座完整的院落，在这座院子里原来有成排的房子、空场和假山。

1946 年 4 月 5 日上午 10 点，这座院落突然被平津区敌伪产业调查委员会和宪兵十九团二营五连的宪兵查封。被查封的原因乃是此院系日本人喜田开设的三昌洋行。据记载，当时开设三昌洋行用的是中国人王梦符的名字，而购买这座院落的也是以王梦符的名义，是从史家胡同老门牌 10 号的邰家购买的，但住在这里的却是日本人西村常次郎。当时被查封的有大米 800 斤，银柜 3 个，铁箱 2 个，自行车 3 辆，玻璃 5 箱，药品 4 箱（计 100 种），沙发 4 套，房屋 22 间。

而这就牵扯出了当时卖给日本人这座院子的人——邰振武。1946 年 5 月 24 日，平津区敌伪产业调查委员会在报告中提道："家住史家胡同 10 号的邰振武曾买敌人六灯收音机一架，通州华北交通公司职员电话二架，并接受坂田盛仪之妻赠与屏风六扇，隐匿于史家胡同 10 号，又新有史家胡同 55 号房产一处卖与日商三昌洋行，业经派员查明后奉准查封。会同机关及负责者，宪兵十九团二营五连宪兵袁淑军。"

史家胡同 55 号被查封以后成为官产。不久又成为河北监察使行署职员宿舍。后来入住在这里的有河北监察使署专员刘宜三和冀热察区监委行署专员罗涤生。

罗涤生，1910 年生于四川成都。抗战期间曾任陆军步兵学校军需处处长；1947 年，任黄埔七分校（陆军军官学校）第 2 军官训练班上校军事教官。1948 年，任冀热察区监委行署专员，入住在史家胡同 55 号。1949 年 11 月，任新编第 10 军少将副军长，12 月 27 日在成都参加起义，后任成都市东城区政协常委。1960年去世。

1949 年 5 月，河北监察使署的这座院落被解放军军委会第四局接收。由于一些随军家属进城后没有房子住，见到这里有空房，就住了进来。后来由于驻地交接，已入住的随军家属不能及时转住它地，就继续在此院居住，听候将来调整住房时的分配处理。

1950 年，华北人民文工团进城，将史家胡同 55 号和 56 号作为驻地。不久又扩大了编制，成为包括歌剧队、话剧队、舞蹈队、管弦乐队在内的综合性文艺团体，定名北京人民艺术剧院，后来人们惯称为"老人艺"。于是，这里的历史又翻开了新的一页。

十五、护士之家与音乐之家的院落

在 1948 年前后，在胡同老门牌 56 号院的正宅住着一群协和医院的女护士。她们以林淑云为户长，大约有十多人住在一起。林淑云在 1948 年时 54 岁，曾担任协和医院护士长，是福建闽侯人，毕业于美国芝加哥大学，为了护士事业她终身未嫁。不知道在协和医院的发展史里有没有为这位值得尊敬的护士长以及她周围的那些护士大书特书。虽然这里现在已是人艺宿舍，但留在这里的这段协和护士之家的情节，不会因为地方使用者的变化而被淡忘。

原史家胡同老门牌 56 号车门的房东是交道口帽儿胡同老门牌 4 号的张志兰，但帽儿胡同老门牌 4 号在清代属于大学士文煜宅。文煜在那里修建了著名的"可园"。园林几经易手后，最终到了当初忠于冯玉祥的张岚峰手上，张志兰是张岚峰的妻子，也是冯玉祥夫人李德全的堂外甥女。日伪时期，张岚峰投靠日寇，当了汉奸。当时，以其夫人名义在京购置了不少房产，史家胡同这处就是其中之一。日伪投降后，张岚峰又

人艺宿舍院内

投入到蒋介石的怀抱，继续做官，直至新中国成立后
被捕入狱。

1936年，由河北乐亭县迁住到这里的吕温，当时
在燕京大学教授音乐。多年后，他的儿子吕省心也成
为了我国著名的小提琴演奏家。吕省心，1931年5
月19日生于河北乐亭，1949年进入冀东军区鲁艺学
习，曾任中国电影乐团交响乐队首席小提琴演奏家，
曾在电影《二子开店》中担任音乐指挥。在一次中国
电影乐团和中央音乐学院联合主办的音乐会上，上演
了中央音乐学院作曲系毕业生的交响乐作品，成为北
京音乐界一大盛事，曲目中包括了现已有国际声誉的
陈怡、周龙、陈其钢等人的早期作品，乐队首席就是
吕省心。著名作曲家罗忠镕说："这是我听到的你们最
好的音乐会。"

十六、禅臣洋行与大宗文物

史家胡同20号现在是人民艺术剧院宿舍大院，其
在1965年以前的老门牌是56号。在这座院落的顶南头
儿应该为干面胡同的47号，而干面胡同47号的老门牌
为干面胡同20号。可是现在到干面胡同并没有发现47
号，原来这座院落的大门已改为住房使用而被封上，连
同原大门的整个院落现在都属于史家胡同现20号。日

本投降以前，德商禅臣洋行就租在这里。既然现在这座院落的大门已开在史家胡同，那么有关禅臣洋行的故事就应该讲在史家胡同。

1. 意外的发现

据文物学家王世襄先生回忆：日本投降后，经古玩商陈耀先、陈鉴堂、张彬青等人提供的情况，沦陷时期河南等地出土的重要青铜器多数被纳粹德商杨宁史买去。杨宁史是禅臣洋行经理，其洋行及住宅的地点

禅臣洋行旧址遗存

在东城干面胡同中间路北。杨宁史在天津也有洋行和住宅。

1945 年 11 月上旬的一天，王世襄到干面胡同禅臣洋行去查看，恰好看见禅臣洋行一个德籍女秘书在打字，文件内容是青铜器目录。王世襄将目录拿到手中，声明就是为追查此批文物而来。女秘书说，目录是德国人罗越交给她打的，如需用这份目录，请告知罗越。王世襄拿目录找到罗越，罗越承认目录是他编的，而器物则为杨宁史所有。杨宁史此时正在天津，因日本投降后，限制日、德两国人自由行动，故杨宁史不能到北平来。为了使杨宁史承认有这批铜器，只有把罗越带去天津，持目录和杨宁史对质。罗越离京去津的许可是经沈兼士备文去北平市警察局批准签发的。王世襄同时还去敌伪产业处理局北平办公处联系，请将此事告知该局的在津办公处，会同调查处理。另外，还去行政院长临时驻平办公处，也要求他们支持这一工作。

2. 忍痛割爱的德商

1946 年 1 月 12 日，经过王世襄的努力和官方出面交涉，杨宁史收集的古青铜器 127 件和古兵器 136 件被运到故宫御花园绛雪轩清点交接。

1 月 25 日的《华北日报》曾以《德人杨宁史呈献所藏古铜器经我接收在故宫陈列》为题予以报道："德

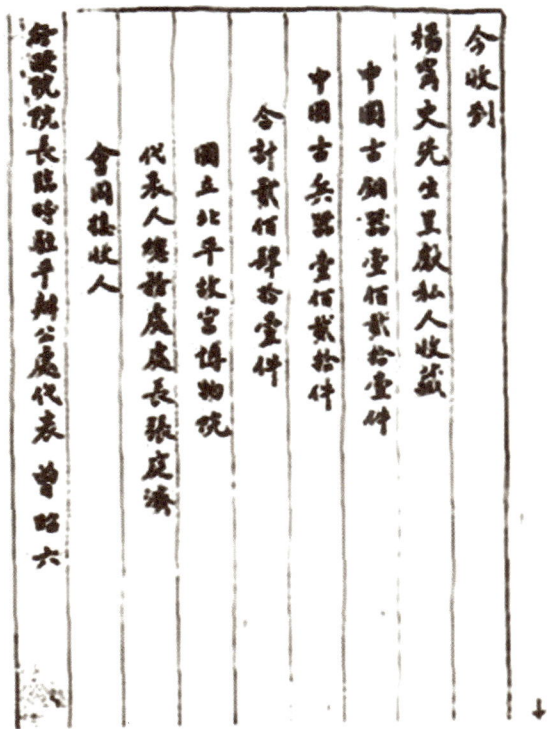

行政院驻平代表的收条

今收到

杨宁史先生呈献私人收藏

中国古铜器壹佰贰拾壹件

中国古兵器壹佰贰拾件

合计贰佰肆拾壹件

国立北平故宫博物院

代表人总指挥处处长张庭济

曾同拔收人

兹证就院长临时驻平办公处代表 曾昭六

商禅臣洋行华北经理杨宁史，酷好中国艺术，搜藏古代铜器及兵器中多商周时代精品。宋（子文）院长上月莅平获得关于文物报告，过津时，曾召杨晋谒。而杨以该项藏器，原系中国古物，自愿全部呈献我国政府。现经行政院院长临时驻平办公处谭主任指派专门委员曾昭六、董洗凡，教育部特派员沈兼士，教育部清理战时文物损失委员会平津区助理代表王世襄，故宫博物院处长张庭济，国内专家于思泊、邓以蛰等，于 1 月 22 日在故宫御花园绛雪轩点收，共 240 余件，由故宫博物院保管，并辟专室陈列。据专家称，此批铜器在学术上甚有价值。"

3. 引起轰动的文物

1999 年 9 月故宫博物院编辑出版的《故宫青铜器》一书著录故宫所藏珍贵器物 348 件，其中包括杨氏旧藏和与其旧藏相同的器物。杨氏藏器包括商代后期的戌鼎、正鼎、癸觚、山妇觯、作尊彝尊、矢壶、方鼎等，春秋后期越王者旨于赐剑，列个人数量之首。杨氏藏器皆为生坑器物，类别全、涵盖广、时代序列完整、器型和花纹图案精美，其珍贵程度超过其他各家藏品。最为著名的是战国宴乐渔猎攻战纹青铜壶。杨氏青铜器被故宫接收后不久，在南京举办胜利后第一次文物展览时，曾运往参加展出，引起轰动。

十七、老门牌 57 号往事

史家胡同的老名牌 57 号，为现在的 12 号、14 号。这两座院落现在感觉不大，可过去是一座不小的院落。更有意思的是曾经在这里居住过的名人不少。

1. 为和平奔走的办报人

史家胡同老门牌 57 号的老主人有着诗一样的名字，他是我国著名的报人梁秋水。梁秋水的籍贯是广东省高要县，毕业于广东大学，曾是国民外交协会的会员。他的妻子罗红庄，师范大学毕业，曾到檀香山留学。

梁秋水是我国 20 世纪初较早的办报人之一。他当时雇佣外国人 Josef W.Hall 为主编的英文报纸《北京导报》，在上流社会影响极大。而当《京报》因邵飘萍被杀害事件停刊后的 1929 年，在邵飘萍夫人汤修慧的主持下，《京报》又得以复刊，她请的报社主编正是梁秋水。

1934 年 10 月，梁秋水参加了由张君劢等人成立的国社党。1936 年国社党第二次全国代表大会，梁秋水与梁实秋、黄炎培等被选为执行委员。抗战时期，梁秋水随国社党加入了统一建国同志会，后来发展为中国民主同盟。1946 年 8 月，又改名为中国民主社会党。

梁秋水对古都北京非常热爱，曾撰写《古城一角之展望》。抗战胜利后，他对国共两党的兵戎相见甚感悲哀。他认为国共之争是内战，是兄弟之战。他曾撰写长诗《冀东兄弟行》描写了在解放战争中，河北省东边一家的两个亲兄弟，哥哥被国民党拉去当了兵，弟弟当了共产党的兵，结果这对亲兄弟在战场上相遇，相对开枪，哥哥把弟弟打死了，弟弟也把哥哥打死了的悲惨故事，表达了对"兄弟战争"的不满。其中有"兄弹弟腹穿，弟弹兄脑裂"的描述，甚为凄惨。

1948 年年末，当北平被围，古城危在旦夕，傅作义将军辗转反侧之际，已经 65 岁的梁秋水作为著名文人，毅然参加了由许惠东、何思源等人领导的"华北人民和平促进会"，公开加入要求用和平方式解决北平问题的行列，最终迎来了北平的和平解放。

梁秋水住的那所宅院，在史家胡同里略显普通，后来听说又有一位著名导演入住，沿袭了这里文人的气脉。

2. 正气文人的坎坷经历

1952 年 10 月 14 日，作家王余杞由前炒面胡同 25

王余杞在北京

号迁入史家胡同 57 号，租住在梁秋水宅。

王余杞，1905 年 2 月 3 日出生于四川自贡。祖父王朗云为自贡大盐商之一，兼通文墨，足智多谋，主张"教育救国"，创办了自贡第一所新学堂"树人学堂"。其父王迪怀早年留日并参加同盟会，在武昌起义前曾参加保路同志会。1910 年回国后从医，在乡里兼顾"树人学堂"的教育工作，口碑较好。

王余杞 1921 年 10 月来到北京。1924 年考入交通大学铁路运输系，毕业后留校任教。1925 年加入了中国共产党。

1926 年，王余杞和陈道彦、翟永坤一起编辑《荒岛》半月刊，并与《荒岛》同仁在交通大学校内办了平民夜校。王余杞在《荒岛》第六期上发表的小说 *acomedy* 被在上海的郁达夫看到，在他主编的《大众文艺》上发表文章加以赞许。以后王余杞便与郁达夫交往。1929 年经郁达夫介绍认识鲁迅。1930 年在天津北宁铁路局任职，业余从事文学写作，成为左翼成员，笔名隅棨、曼因等。

1931 年，他的第一部长篇小说《浮沉》，由北京星云堂书局出版。后来，王余杞又在《庸报》上办副刊"嘘"，取鲁迅的"五讲三嘘"之意。在发刊词中他写道："情感在内心激动着，不能笑，不能哭，不能呐喊，就只有嘘。嘘，嘘是对鬼影的蔑视，嘘是对黑暗的抗争……到处嘘声发动时不也可以集成一声有力的呐喊么？天，这就快明亮了呢！"

1933 年，鉴于当时天津新闻出版业的"书检"相对没有上海严格，王余杞接受上海左翼作家宋之的建议，在天津创办了一种进步的大型文学月刊《当代文学》。这个刊物以"当代"定名，着眼于眼前的时代，刊登的是最新的作品，即为人民大众所需要的作品。

1934 年 7 月，《当代文学》创刊后，遵循"文须及时"的办刊宗旨，发表了大量密切配合现实斗争的文学作品。

1935 年，王余杞应《青岛民报》邀请，与老舍、臧克家、王统照、洪深、吴伯萧等合作出版周刊《避暑录话》。

1936 年，北方左联改组成立北平作家协会，王余杞与孙席珍、曹靖华、杨丙辰、高滔、李何林、张致祥、澎岛、陈北鸥等被选为委员，王余杞被选为执行主席。此后，王余杞的长篇小说《急湍》出版，他又开始在天津《益世报》副刊连载小说《海河汩汩流》。

1937 年上半年，王余杞居天津，与劭冠群、曹棣华等共办诗刊《海风》。5 月他主持召开天津文艺座谈会，这次会议的召开，标志着天津文艺界抗日统一战线的形成。天津沦陷后，他到南京与崔嵬等人参加上海救亡流动演剧队，演出了《放下你的鞭子》，并参加《八百壮士》的编写。应叶以群之约，王余杞与刘白羽率领剧组，在八路军总部等地演出。演出过程中，他谒见了朱德、任弼时、彭德怀、贺龙等八路军将领。

1938 年，从临汾到武汉与刘白羽合写《八路军七将领》，这是国民党统治区第一部有关八路军情况的传记小说。8 月，王余杞回到故乡自贡，应川康盐务总局邀请出任自贡市《新运日报》主笔，连载随笔《我的故乡》，写到 1940 年 3 月，已有稿件四百余篇，每篇千字左右。内容大多是坚持抗战，迎接新生事物。

1939 年，王余杞任自贡歌咏话剧团团长，在自贡各地演出抗日剧目。1940 年，王余杞因从事进步活动和参加抗日救亡工作，在成都遭国民党当局逮捕，后由同乡王冶秋托人请冯玉祥将军保释出狱。

1944 年，王余杞的长篇小说《自流井》由东方书社正式出版，书中描写井盐生产和工商业者的失败，当时非常行销。1945 年，王余杞在重庆出版社写完小说《海河汩汩流》。

抗日战争胜利后，王余杞重返天津，历任平津路局专员，中长路局专员，在天津市政府任主任秘书。其间，主持出版了《天津文化》，还完成了叙事长诗《八年烽火曲》的创作。

新中国成立后，王余杞在北京交通大学任副研究员，后来，王余杞到铁道部出版社任主任编辑。王余杞的夫人彭光林，早年毕业于师大文学系，1932 年与王余杞结婚，与王余杞患难与共、相濡以沫生活了 56 年。彭光林在新中国成立后，任中国图书公司编辑。他们的女儿王华曼也在解放军第四野战军政治部任编辑。

王余杞夫妇

1957 年，王余杞被错划为右派，在青海劳动改造，历时 20 年。1978 年，冤屈得到改正，受聘于华中理工大学任名誉教授。1980 年至 1982 年，他和友人一起完成了《历代叙事诗选》的选编。以后还出版了个人旧体诗集《黄花草》。

1985 年，在抗日战争胜利 40 周年之际，王余杞回到阔别多年的故乡，参加了自贡抗敌歌咏话剧团的纪念活动。1989 年 11 月 12 日，王余杞因病辞世，终年84 岁。

3. 川流不息　轮船归来

何北衡，1952 年 11 月 9 日从油房胡同 18 号迁入史家胡同 57 号。

何北衡，字恩枢，1896 年 10 月 16 日出生，四川省德阳市罗江县人。1917 年考上北京大学预科，1919年升读北大政治系本科。1924 年大学毕业后，担任川军刘湘驻洛阳的代表，后又调任驻南京政府的代表。1926 年曾出任巴县知事，同时兼任民生公司常务董

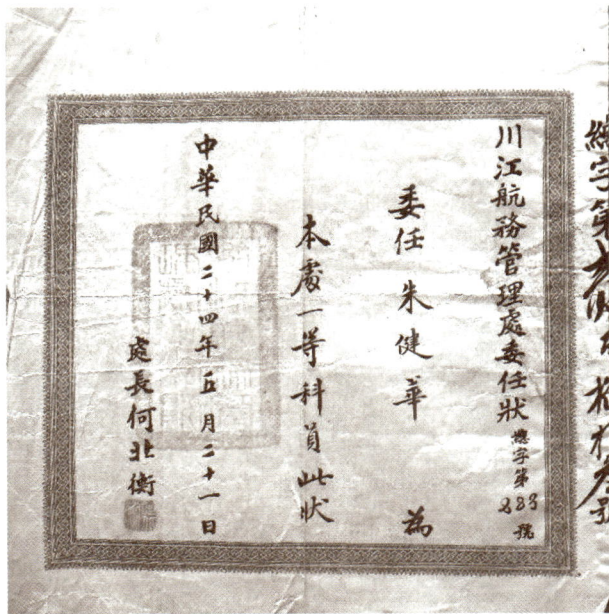

经何北衡签发的委任状

155

事。1929年又任航务处长。1935年年初，川政统一，刘湘任省政府主席。1936年出任四川省政府建设厅厅长。

抗战开始，国民政府迁都重庆。1938年年初刘湘病故，王瓒绪当上了四川省政府主席，何北衡随即下野。

抗战初期，何北衡由成都迁到峨眉山上的报国寺隐居，担任重庆缙云寺汉藏教理院护院，主要为该院筹集资金。他住在报国寺，听僧人讲经说法，大约过了三个多月的平静休憩生活后，重庆中央水利委员会就请他出任川康水利贷款委员会的主任委员。1939年，何北衡到眉山就职，结束了百日隐居生活。

张群任四川省主席后，何北衡被任命为四川省建设厅厅长兼水利局局长。在任期内，修建了许多水利工程。他两任建设厅厅长和水利局局长，前后时间长达8年，在四川办了不少建设事业，其成绩为各届厅局长之冠。

1949年，中共领导的人民解放事业迅猛发展，解放大军准备进军四川时，何北衡与省主席王陵基在一次省政府会议上发生了激烈的争执。之后，何北衡遂去香港养病，此时赴港的中共地下党联络员郭建明提出，希望他筹集一些经费支持地下革命组织活动时，他立即答应，便在香港筹集了一笔港币交与在港的四川猪鬃公司经理古赓余转交郭建明。

何北衡赴港不返，且全家迁居香港，直至成都解放前。当国民党政府迁逃台湾后，王陵基还曾打电报要何北衡去台北与行政院商洽四川防务有关的重要问题，他起初不知是圈套，认为自己是请假看病来到香港，还没有辞职，奉电不能不去。正在此时，四川省财政厅任望南由台北经香港准备回川，他见到何北衡说："你不能去！我在台北得到可靠消息，说你亲共，久不回川，经济手续不清，一到台湾就要扣押你回川交代。"何北衡听了沉默不语，摆了摆头说："我能容人，而人不能容我。望南来港岂非偶然，真是吉人自有天相。"

不久，云南省主席卢汉宣布起义，川军的将领也宣布起义，国民党政权支撑西南的最后希望破灭了。此时，张群最后从云南飞往台湾经过香港时，会见民生公司的要员卢作孚、何北衡、刘航等人，力劝他们率同船队去台湾。同时，中华人民共和国成立后，他们又收到张澜副主席和周恩来总理言词恳切、热情洋溢的亲笔信，希望他们回祖国大陆参加建设。经过多次反复慎重地考虑，为了祖国的统一和强大，为了民生公司的发展前景，他们毅然选择了回归新中国的道路。卢作孚、何北衡终于在 1950 年 6 月回到北京，并于 1951 年 3 月指挥在港的民生公司 18 艘大小轮船驶返祖国大陆，受到中共人民政府的高度评价和大陆人民的热烈欢迎。

来到北京后，何北衡住在油房胡同 18 号。此后，他曾被特邀为中国人民政治协商会议第三届全国委员会委员，委任为水利部参事，并于 1952 年 11 月 9 日迁入史家胡同租住在 57 号梁秋水宅，直至 1972 年病逝，终年 76 岁。

十八、绕不开的乐家

过去，在北京有许多事都有同仁堂乐家的身影。而今，当我们整理史家胡同的历史文化时又发现了乐家在史家胡同的痕迹，真不知道这是一种必然还是一种巧合。

1. 乐松生的故事

史家胡同老门牌 61 号，现在是 8 号，史料记载这里曾是同仁堂经理乐松生的房产。而在 1948 年，41 岁的乐松生为达仁堂经理，当时与母亲许氏、妻子梁君谟、独生子乐士骧一起在这里生活。

乐松生是北京乐氏家族第十二世乐达义之子，生于 1908 年，早年毕业于北京汇文中学。1921 年，乐松生与母亲由外城新开路胡同的老宅迁入史家胡同。1928 年以后，乐松生去美国留学。回国后，他遵父命到天津协助伯父乐达仁经营达仁堂药店。

史家胡同 8 号院大门

　　20世纪30年代，是中国民族工商业大发展的时期，又是外国资本拼命扼制中国民族资本的时期。这时的达仁堂虽然是中药企业，从表面看，和外国资本没有直接的冲突，但是随着西药的大量涌入，发展空间也受到挤压，以至于乐松生的伯父乐达仁发出了"中药只能再经营二十年"的悲叹。

　　乐达仁在天津建立的渤海化学工业公司，发展势头本来不错，但是在外国资本的打压和排挤下，公司的生存越来越困难。乐达仁创办的达仁铁工厂，当时虽然造出了小火轮，但是与技术力量先进的帝国主义国家相比，仍然落后，难以持久发展。

乐达仁不是一个轻易服输的人，为了达仁堂和所属企业的发展，他昼夜辛劳，四处奔波，不辞劳苦。而此时侄子乐松生的到来，无疑使他感到多了一个重要的帮手。

1931年，乐松生正是23岁的英俊年华，按照传统，登门给乐松生提亲保媒的故旧亲朋不少，追着新潮向乐松生求爱示好的摩登女郎也不少。父亲乐达义虽是出身传统家庭，早年也是留学美国，他给乐松生自己择偶的权力。而乐松生对保媒说亲的，虽然以礼相待，却对亲事一概婉拒。对那些主动追求他的女孩又不冷不热、不亲不疏。人们都弄不明白，乐松生到底想要一个什么样的终生伴侣。

这时，天津大华饭店经理赵道生将自己的妻妹梁君谟介绍给乐松生，而赵道生又是张学良夫人赵四小姐的哥哥。也许是见的名媛闺秀太多了，乐松生本来没有在意，可是一见到梁君谟，突然有一种红杏绽开在眼前的感觉。梁君谟开朗、大方、活泼，是当时的"摩登女郎"，又有才女之称。当梁君谟一见到乐松生，也有了一种从未有过的感受。

这对现代才子佳人一见钟情，很快就定下终身，准备择日举行婚礼。经过父亲乐达义的反复斟酌，把吉日选定在 1931 年 9 月 29 日，他想给独子乐松生办一场喜气洋洋、隆重体面的婚礼。

1931 年 9 月 29 日，这场婚礼在北平织云公所举行，当时织云公所和南城的正乙祠、江西会馆，都是著名的演堂会戏的地方。婚礼是中西合璧的形式，张灯结彩，饰满鲜花，中外来宾如云。

婚礼仪式结束后，开台唱戏。乐达义请来了大名鼎鼎的戏班"富连成"。乐家叔侄还同台演出了"吉祥戏"《青石山》。由乐达仁饰关公，乐达明饰吕洞宾。当关平出场时，立刻博得了满场的"碰头彩"，因为这位关平是新郎官乐松生扮演的。新郎登台，仪表堂堂，英俊帅气，再配上崭新的戏装，扮相更是光彩照人。很多人都知道乐松生师从"富连成"的茹富兰学过武生，可是不知道他还能登台对打，而且技艺精湛。

1931 年以后，同仁堂、达仁堂的生意受到了国内外时局变化的影响，经营上遇到了不少困难。东北的老山参和鹿茸等贵重药材不容易进货了，有些药因为受交通阻碍，又不好销了。1933 年，日本侵略军为割断东北抗日部队与关内的联系，扩大并巩固伪满洲国的疆界，进而蚕食华北，进攻热河、古北口以东的长城一线。当时的中国军队虽然奋起抗击，但最终冀东还是沦于日伪势力范围之内。战争最紧张的时刻，北平、天津城内也是人心惶惶，有些富人已经开始带着金银细软逃难，市面也发生波动，同仁堂、达仁堂的经营自然也受到影响。

过了一段时间，时局从表面上看稍稍稳定一些了，乐达义正在想着同仁堂怎么才能再往上走一步的时候，又传来了乐达仁于1934年7月10日在天津去世的消息。乐达义和乐家四房的亲友们十分悲痛。

乐达仁的死在今天看来其实就是长期超负荷运作造成的过劳死。乐达仁除了在中药行业，还许多领域都有探索和开拓，但都成效不大。主要是因为帝国主义的打压和当时中国的国力不济。在乐达仁的发展处处遭遇困难时，达仁堂似乎有了一个发展的良好机遇。世界著名的德国拜耳药厂要和达仁堂商谈合作，乐达仁为此很兴奋，并寄以很大希望。他不顾身体不适进行了几轮谈判，可双方在厂名、厂址等问题上根本无法达成协议。最后，双方已不是平等合作，而是在争夺控制权了。乐达仁为此非常气愤，直到出现明显的病状时，一切都已无力挽回了。一直陪伴在乐达仁身边的乐松生此时更是痛惜不已，他痛感自己失去的不仅是一位好伯父，更失去了一位事业上的支持者。

乐达仁的遗体从天津迎回北平，乐家为他举行了极具哀荣的葬礼。最后，乐达仁的灵柩被葬于海淀区董四墓地，即现在的福田墓地。

1947 年，乐松生的父亲乐达义去世，乐松生成为同仁堂的重要股东，占股份十六分之一。1948 年年底，同仁堂乐氏第十三世乐松生主事。北平解放前夕，中共的地下组织把未来共产党对民族工商业的保护政策送到乐家，但是乐家对政策将信将疑，乐松生到天津他自己名下的达仁堂，以静观北平的变化。

1950 年，同仁堂发生的一起劳资纠纷，几次谈判没有结果。工人们都希望乐松生回来主持谈判，因为工人们觉得乐松生很开明。果不其然，请回乐松生以后，谈判获得了成功，他也因此坐稳了自己的江山。

1954 年 8 月 27 日，乐松生带头申请公私合营，具有 285 年历史的北京同仁堂国药店召开公私合营大会。

● 同仁堂老药铺砖雕

市地方工业局投入 25 亿元（旧币）资金并派去干部，乐松生任经理。由于同仁堂在工商界的地位和声望，带动了许多民族工商业者积极参加公私合营，产生了良好的社会影响。在中国社会主义改造高潮中，北京的乐松生与上海市的荣毅仁等人，成为全国民族工商业者中的著名代表人物。

乐松生历任全国工商联合会副主任、北京市工商联主任委员。1957 年 7 月被选为北京市副市长。乐松生一直得到彭真市长的保护。"五反"时，他与其妹乐倩文被达仁堂职工叫去，让他们查账交代问题，过了一夜就被彭真保了出去。

"文化大革命"中，乐松生的家庭遭受了灭顶之灾。先是母亲被打死，后是妻子梁君谟被打死。1968 年 4 月，乐松生也含冤去世，终年 60 岁。他是乐氏家族在同仁堂历史上的一位重要代表人物。

2. 乐宅的身后事

新中国成立后，同仁堂家族的后代乐钊在报纸上发布房产公告，声明史家胡同老门牌 61 号和紧邻的东罗圈胡同 3 号为己产。

20 世纪 50 年代，时任第一机械部部长的黄敬和后来成为《北京日报》创办人之一的范瑾夫妇入住到史家胡同 61 号院。往后，我国著名的政治理论家胡绳也曾入住过这里。再往后，时任中国社会科学院副院长的于光远先生和著名的出版家、编辑家王子野先生也搬入此院，并在这里长期居住。

1965 年北京的胡同门牌进行单、双号重新排列后，这里的新门牌为史家胡同 8 号。

1976 年，唐山遭遇强烈地震波及北京，北京的胡同街巷到处搭起了地震棚，由于史家胡同 13 号院人员多，空间小，这里的居民只好将地震棚搭到居民少、院子空间大的 8 号院。同时，在这里搭起了地震棚的王子野为了调节当时大家的沉闷气氛，也由于他研究莎士比亚的作品的确着了迷，在地震棚里不时会跟大家谈论起莎士比亚青春时代最为成熟的喜剧作品《仲夏夜之梦》，尤其是讲到了有情人终成眷属的结局时，更会显得神采飞扬。当时地震棚外边下着大雨，还经常有余震发生，此时大家在这里还能听到名人宣讲莎士比亚的作品，那是一种何等的情调啊！

无论是过去的乐家老宅，还是后来的名人聚集老门牌 61 号，现在的 8 号，将来真应该成为一座纪念馆。

3. 胡同内的乐家的旁支

20 世纪 40 年代，与乐松生一家生活在一起的还有乐松生的姐姐乐琳奈一家。乐琳奈嫁给了美籍华人梅启明，后来生的宝贝女儿叫美君。梅启明毕业于美国大学，时任中美文化协会经理。解放前，通过乐琳奈的姐夫梁致祥的关系承包了欧美同学会的西餐厅。但好景不

史家胡同 27 号院内

常，新中国成立后，政府对欧美同学会进行了接管，欧美同学会的活动被暂时终止。

乐琳奈的姐姐乐静涵与丈夫梁致祥最初住在史家胡同老门牌 50 号。新中国成立后迁到史家胡同老门牌 12 号，现为 27 号原属于张盛斋的房产。

张盛斋，1896 年 11 月 14 日出生于河北南皮县，早年毕业于德华大学。1929 年由天津来到北京入住史家胡同 12 号院，新中国成立后在北京自来水公司任会计。张盛斋之所以能住在这样好的院落，得益于其弟弟张荣斋，张荣斋曾任安徽省建设厅工务局局长、建设厅顾问等职。1951 年 5 月 25 日，梁致祥用卖掉史家胡同老门牌 50 号院所换来的布匹，又换取了张盛斋的史家胡同老门牌 12 号院。

乐琳奈的姐夫梁致祥，又名梁怡如，祖籍广东顺德，1895 年 8 月 19 日出生在北京，是清末外务尚书、民初交通总长梁敦彦的次子，早年留学美国，1948 年任中美文化协会秘书长，新中国成立后任天津海同纺毛厂经理。1968 年 7 月 4 日去逝。其妻子乐静涵 1899 年 12 月 11 日出生于北京。梁致祥病逝后，年迈的乐静涵 1970 年 1 月 20 日迁往东罗圈胡同 19 号的一座原寺庙内居住。后来，乐静涵的女儿梁瑞棠与女婿乔柏人由史家胡同 12 号搬到了 2 号，乐静涵也跟着搬了过来。1978 年 9 月 20 日，乐静涵的女儿、女婿迁往西城区冰窖口胡同 79 号，而乐静涵却选择了在史家胡同走完人生的最后阶段。

史家胡同 27 号院，现为某外省市的驻京机关，院落依然安静，完整如初，房屋建筑精美，院内高低错落的传统建筑布局以及那些植物花卉相应成趣，只是院子很少开门。知道这座院落底细的老住户会告诉你，这里过去是乐家姑奶奶的房。

史家胡同 27 号大门

　　说来奇怪，同仁堂乐家的另一位姑奶奶也在史家胡同居住，现在这里已是全国妇联老干部活动中心，这里的老门牌原为 16 号。在日伪时期，这里住着一位叫潘季襄的大官商，因而门口有人站岗。潘季襄的妻子正是同仁堂乐家的另一位姑奶奶，她比潘季襄小 10 岁。潘季襄的籍贯是天津，1891 年出生，商业大学毕业，1916 年由天津迁入史家胡同居住。日本投降后，潘季襄并没有受到多大牵连，只是低调了许多。

　　1945 年 12 月，同仁堂的另一位主事乐益卿给北平市日伪占用公私房产地产清理委员会递交了一份呈请，请求将 1938 年 12 月被日侨借势强买的史家胡同官学大院路东 6 号房产依法具价领回。因此，同仁堂乐家在史家胡同的另一处的房产连同居住者一起浮出

● 原史家胡同官学大院路东 6 号院内

了水面。

远在 1923 年，同仁堂经理乐佑申，与其弟乐西园、乐笃周、乐益卿及其叔乐均士，各出资 15000 元，在西单牌楼以北路西，开设了乐寿堂药店，由乐佑申任经理。而后又开设了乐仁堂药店，乐仁堂在北京、天津、开封等地共有五个分店。他们都由乐佑申掌管。他的三个弟弟乐西园、乐笃周、乐益卿也不甘寂寞，又于同年开设了宏仁堂药店。宏仁堂药店一共有四家，北京两个，天津、上海各一个。在天津开的宏仁堂后来又有发展，截至 1942 年，宏仁堂在天津开有三个分店，那时宏仁堂的药以"好、贵、灵"闻名，只有达官贵人、富商巨贾才敢光顾。

后来，乐益卿在王府井大街东安市场西门南侧，开了永仁堂药铺。乐益卿的儿子乐元可、儿媳李铮思想进步。"七七事变"以后，北平沦陷。有一天乐家来了一位亲戚，名叫杨宁，又名杨德修，是乐元可的表弟。杨宁的公开身份是银行职员，实际上是我党的地下工作者。经过一段时间的考察，杨宁吸收乐元可夫妇参加了我党的地下工作。在杨宁的带动下，乐元可夫妇的子女也参加了党的外围组织，投身抗日工作。

新中国成立后，同仁堂经理乐松生开始筹划公私合营，1954 年 7 月 28 日，由公私双方组成的工作组下店进行筹备工作。8 月 9 日，公私合营筹备委员会成立，由公股代表、私股代表、职工代表、区工商联和区工会代表共七人组成，王甦任主任委员，乐松生任副主任委员。

接着，组成清产核资小组，对同仁堂的资产进行清查。清产核资小组由公方的江涌波和私方的乐益卿、刘璟共同领导。

可是清产核资不久就出了意外。乐松生因为外事活动和社会活动多，没有参与这个工作。清查小组的两位私方领导乐益卿和刘璟总是躲躲闪闪，时来时走。这是为什么？公方代表就找他们谈心。经过一番艰苦细致的思想工作才搞明白，原来他们认为，自己是私方代表，清产核资就是查自己，不参与不合适，参与得太积极又担心引起公方或家族的误会。公方代表又和他们促膝谈心，告诉他们："您二位可得想开了，清产核资不是算旧账，找资方的'茬'，而是为了准确地评估资产，以利于在合营后更好地经营，合理地分配利润。"

看到公方代表对自己的尊重和理解，以及清产核资小组在工作中公平公正，估价合理，他们终于打消了顾虑，很快转变了态度，积极热情地投入到清点估价工作中了。

在清理资产时，还有一个小插曲。一天，乐益卿在清理资产时，看到在一个多年没人理会的库房里有一个柜子，上面有一个纸包，就让人搬了下来。这个纸包盖满了尘土，还连着一些蛛丝，包在最外层的纸已经朽了，一碰就碎。大家小心翼翼地打开一看，原来是一大包雍正年间生产的"再造丸"。乐益卿屈指一算，已经有二百多年时间了，这药还能用吗？看看那药丸，仍是黑中透红，没有任何腐败发霉的迹像；细细闻闻，隐隐一股药香飘来，犹如刚刚制出的一般。不过，乐益卿还是不放心，就请来鉴别药材水平更高的大查柜宋相如。宋相如来了之后，不仅看、闻，还捏开了、搓碎了细细地辨别。最后，他又放在嘴里，眯着眼细细地品。过了一会儿，他突然眼睛一睁，一拍大腿，满面惊喜地喊了声："嘿，二百多年的药都没有变质！"

这件事从此就成了美谈，证明同仁堂的药质量确实好，也证明了同仁堂确实是"炮制虽繁必不敢省人工，品味虽贵必不敢减物力"。

公私合营以后，乐松生的社会工作也多了起来，他就聘请了乐益卿和同济堂的刘景玉做副经理，自己则抽出时间来做其他社会工作。据史家胡同做旗袍的老裁缝宋大爷说，他过去总被邀请到乐松生家及乐松生的三个姐姐家为乐松生的二位夫人和他的三个姐姐量身制作旗袍。他回忆说：在这条胡同，乐家或乐家的亲戚都是大宅门，但他们又都有一个共同的特点，那就是——为人谦和。

十九、小院忆旧

史家胡同老门牌 64 号是史家胡同最大的门牌号，位于胡同的东口南侧的第一个院。从外貌上看它并不出众，进入院中也实在不大，可就是这样一座小院，却居住过值得记载的人物。

1. 文人的友谊

在史家胡同 1950 年的户口登记表中，萧从方的名字映入眼帘。

萧从方，字伯青，1904 年 10 月 5 日出生。早年毕业于北京大学文学院，通过罗常培的关系认识了老舍。1931 年在老舍、胡洁青的结婚典礼上，担任伴郎。1938 年 3 月，中华文艺界抗敌协会在武汉成立，老舍被推为"文协"的首领，萧伯青是唯一的专职干事。后来又同老舍一起由武汉撤退至重庆。1942 年以后他们又一直住在北碚，朝夕相处，成为知己。抗战期间，文艺界抗敌协会接到不少外间的来函，询问通俗文艺的作法。于是会中就决定举办讲习会，请赵纪彬、王泽民、何容、萧伯青、老向、老舍，分讲通俗文艺的各方面问题。萧伯青对音乐研究有素，所以担任讲解民歌的谱调及通俗韵文如何与音乐配备的问题。虽然讲习期间

史家胡同 2 号院大门

很短，讲师也不多，可是把通俗文艺的理论、方法、技巧、音韵、音乐几方面都兼顾到了。

抗战胜利后，萧伯青任南京国立编译馆编辑。

1950 年 3 月 13 日，萧伯青同妻子颜韵兰入京住在东城史家胡同 64 号。他的妻子颜韵兰，是湖北武昌人，毕业于成都华西大学药学系，曾在重庆江苏医学院做过药剂师。萧伯青时任出版总署编审局编审。从那儿以后，老舍与萧伯青逢年过节都要聚在一起小饮一番。萧伯青才华横溢却为人谦逊、低调，给老舍先生之子舒乙写信也常用"小铺盖卷儿"的称呼。后来，萧伯青一家迁往了方砖厂胡同 32 号。

老舍先生逝世后，萧伯青写了许多回忆文章怀念他，提供了许多鲜为人知的史料，还留下了几十封与老舍的通信，弥足珍贵。

2. 昔日动操戈　回归过生活

1950 年 11 月 10 日，黄忆梅从干面胡同 2 号搬到了史家胡同 64 号，此时她的丈夫何大刚仍在东北军区接受管训。

何大刚是广西全县人，生于 1910 年，黄埔军校第 6 期毕业。一路走来，何大刚可谓是步步高升：1939 年任第 5 战区战干分团上校大队长；1940 年任安徽省保安第 4 团团长；1942 年 10 月任第 21 集团军总部少将参谋处长；1944 年任第 1 战区临泉指挥所联络高参；1946 年 6 月任吉林省警察总队副总队长，9 月任吉林省保安司令部保安处处长；1947 年 4 月任吉林省保安司令部参谋长，11 月任吉林省保安旅少将旅长。

在辽沈前夕，何大刚似乎预感到了某些不测，1948 年 5 月，他将妻子黄忆梅和孩子安顿在北京东城干面胡同 2 号。黄忆梅，1914 年 4 月 7 日出生于广东省防城县，早年毕业于中山大学，后来随夫去了东北。由于她擅长生产研究，曾担任吉林省工艺厂厂长，并在吉林省妇女会任职，直至升任国大代表。

在辽沈战役中，何大刚认清了形势，率部于 1948 年 10 月 10 日在长春向解放军投诚。1952 年，何大刚在东北军区接受管训后回来与家人团聚，并于这一年的 8 月 14 日迁出了史家胡同。

二十、东、西罗圈的 1 号

过去，史家胡同里同龄的孩子比较多，而且那时候课业负担也不重，可供孩子们玩儿的时间比较多。孩子们在一起玩儿的最多的活动就是踢足球，上学在操场上踢，学校关了大门，孩子们回家把书包一撂，分成两拨，就跑到史家胡同东边的东罗圈、西罗圈胡同里去踢，一直踢到天黑才回家。傍晚，有时候家长会到东、西罗圈胡同里招呼孩子们回家吃饭。

听这些孩子的家长讲：史家胡同南侧的西罗圈胡同老门牌 1 号，解放前是周家。周家的户主周伯英先生是基督教北京青年会的顾问。后来租住在这里的还有一位陆椿年先生，他是汇丰银行的买办。

史家胡同南侧的东罗圈胡同老门牌 1 号，解放前

孩子们在胡同里踢足球

住着李光汉先生，他是河北高阳人，是留学法国的大才
子，在文学、经济学方面颇有建树，解放前曾经担任国
民党的立法委员。

东罗圈 1 号院

二十一、官学大院的故事

现在到史家胡同肯定找不到官学大院的名字，因为这个名字已经在 1965 年整顿地名时并入了史家胡同。其实官学大院并不是大院，而是一条镶嵌在史家胡同偏西路南的一条小胡同。别瞧这条小胡同过去只有 6 个门牌，可发生在这里的故事却不少。

1. 王廷璋的两处住宅

翻开 1914 年欧美同学会会员录，后来成为北洋政府著名外交家的王廷璋赫然在目，并注明其家在史家胡同路南。经过调查与史料挖掘，证实王廷璋当时住在官学大院甲 2 号，这里后来由他的大舅子、著名银行家陈关铎先生居住。

王廷璋 1884 年生于浙江绍兴，字子琦，号澹盦，

原官学大院路西的宅院门口 ●

毕业于比利时黎业斯大学，获商学士学位。归国后，1912 年任民国政府外交部条约司科长。1913 年任大总统府秘书兼外交部秘书。他是最早加入欧美同学会的会员之一。1917 年 8 月，王廷璋任驻墨西哥公使馆一等秘书，代办使事，11 月调署驻旧金山总领事。1918 年 3 月，王廷璋任北京政府外交部参事。1922 年 2 月，王廷璋代理外交部交际司司长，外交部通商司司长。1923 年 3 月，王廷璋任外交委员会事务处帮办。1925 年，王廷璋任关税特别会议委员及法权调查委员会顾问。1926 年 2 月，王廷璋任驻葡萄牙全权公使，1933 年 1 月回国。1940 年 3 月，王廷璋在汪伪政府外交部办事，并被任命为公使。

王廷璋的夫人陈克柔，生于 1891 年，毕业于上海中西女校，也是名门闺秀。她的弟弟陈关铎，字成恕，1908 年 1 月 12 日出生，广东新会人。毕业于美国哥伦比亚大学，获硕士学位。回国后长期从事金融工作，并任北京新华信托储蓄银行经理。其妻子刘惠业是福建协和大学毕业。

日伪时期，由于王廷璋位高权重，又购置了史家胡同老门牌甲 14 号院，并在院内添置了洋楼，官学大院甲 2 号的院子便让给其小舅子陈关铎居住。日本投降后，史家胡同老门牌甲 14 院被定为敌产没收。后来，新文化运动领导人之一刘半农先生的儿子刘育伦到此入住。

王廷璋

现在我们再来到史家胡同 31 号院，不免会有些愕然，这座广亮大门的院内居然还有两栋与传统大门不协调的楼房，它最初的主人是谁？其实这座院落的老门牌就是甲 14 号院。

2. 匆匆来去的生丝专家

1950 年 4 月 21 日，缪钟秀由上海常熟路 274 号迁入史家胡同官学大院甲 2 号，此时他的身份是福公司董事兼中福煤矿公司顾问。

缪钟秀，1901 年 8 月 17 日出生于江苏省江阴县的周庄，早年毕业于东吴大学法律系，后在东南亚进行蚕丝研究工作。1926 年，缪钟秀赴美国纽约大学学习，获法学硕士学位。在美期间对美国绸厂使用我国生丝情况做过详细研究，回国后接管外商主办的万国生丝检验所，建立了中国自己的生丝检验机构，并编写了《中国丝业史》一书。

由于工作原因，1951 年 11 月 19 日，缪钟秀由史家胡同官学大院迁回上海。虽然在这里生活的时间短暂，他却亲身体验到了从旧中国老上海资本主义的生产观念到新中国的首都人们大干社会主义的热潮，自此，他的思想发生了重要转变，加快了他为社会主义中国做贡献的步伐，继而成为我国著名的生丝检验专家。

3. 短期寄居的大文人

1952 年年初，田海燕与妻子张林冬租住在史家胡同官学大院 2 号。

田海燕，笔名田钟灵、苏东，1913 年 11 月 4 日生于四川泸州。中国共产党党员。毕业于上海中国医学院。1938 年开始发表作品，同年，赴延安，曾任抗大、中共中央战地考察团、新华社及《解放日报》记者。

1945 年以重庆中共地下工作者的身份在《自由导报》任社长，并在西南文化印刷厂任职。1946 年在《故事》杂志任编辑，并兼任西南文化印刷厂厂长。1947年去香港任广通行经理，1948 年任《周末报》广州分社副主任。1949 年后历任宜昌民生轮船公司经理，港

田海燕

务局局长，长江流域规划办公室、交通运输室主任。1950 年任《快活报》社长。1951 年任民主建国会总会宣教委员，并在《三反专刊》任编委，同年成为广东省第一届人民代表大会代表，武汉市第五届政协委员。

1952 年年初，田海燕同妻子在北京史家胡同官学大院短期居住后，于 1952 年 10 月 30 日迁往武汉汉江航务局宿舍新村 1 号。1960 年加入中国作家协会。著有民间故事集《狼军师》、《地下白银》、《农民和农王太子》、《卖蒜老头》、《三峡传说》、《金玉凤凰》，游记《红军路上百花开》、《红色歌谣集》等。

4. 作家的常客

作家草明，在 1964 年至 1974 年曾住在史家胡同官学大院 5 号。草明，原名吴绚文，1913 年生于广东顺德。高中毕业后同欧阳山一起参加进步文学活动，1931年开始文学创作，参与欧阳山创办的进步刊物《广州文艺》的编辑工作。以第一部中篇小说《缫丝女工失身记》蜚声文坛，同时也受到广东国民党军阀的通缉。草明随欧阳山一同逃往上海，加入了"左联"，在鲁迅的亲自教诲下继续从事进步文学活动，先后发表了《倾跌》、《他只买一只鞋》、《没有了的牙齿》、《绝地》等一系列颇有影响的小说。

"七七事变"后，草明回到广州，参与创立广东文学界救亡协会。1940年她在重庆加入"中华全国文艺界抗敌协会"，并经沙汀、吴奚如介绍加入了党组织。第二年，她与欧阳山一同奔赴向往已久的革命圣地延安。其间她创作了短篇小说代表作《遗失的笑》、《陈念慈》等优秀作品，并与欧阳山同为中央文艺研究院特别研究员。

在延安文艺座谈会前，毛泽东不止一次召见了她和欧阳山，向他们了解文艺界存在的一些问题。在延安文艺座谈会留下的一张合影中，草明坐在第一排，与她最崇拜的毛泽东只有一人之隔，这也是她一生中感到至高无上的荣誉。这个荣誉伴随着她一生坚定不移地追随着毛泽东，走与工农相结合的道路。

新中国成立后，她的每一部作品都没有离开工人；在镜泊湖水电站她创作了《原动力》，是新中国工业文学的拓荒者；在沈阳皇姑屯机车车辆厂她创作了长篇小说《火车头》，填补了铁路文学的空白；在鞍钢她创作了《乘风破浪》，把中国工业文学的创作水平提升到一个前所未有的高度。

草明

　　1964 年草明从东北调入北京，住进史家胡同，在北京文联从事专业创作，并在北京第一机床厂兼任党委副书记。史家胡同官学大院 5 号是一个住了五六户的二进杂院，后院有一栋小楼，楼上住着一户从事翻译工作的叶姓人家和一户老华侨，楼下住着一户厨师。草明住在前院，她住的房子潮且阴，狭小的一间是书房。书房中挂着的两张照片，一张是在延安文艺座谈会上她和毛泽东、朱德等领袖人物的合影，一张是鲁迅先生和木刻家们谈话的照片。

　　她把北京第一机床厂看作是她继镜泊湖水电站、沈阳皇姑屯机车车辆厂、鞍山第一炼钢厂之后，建立的第四个生活基地。她看中了这个机床龙头企业工人的文学创作潜力，决定复制"鞍钢基地模式"。不仅在厂内开办了文学创作班，而且她在史家胡同的住处也是厂里文学爱好者经常来求教的地方。在这里草明接待过许多青年工人中的文学爱好者，她轻声细语，平易谦和，不厌其烦地指导他们，让大家感受到了母亲的抚爱和鼓励，许多青年工人的文学爱好者后来都成为了草明家的常客。

　　她的努力很快有了回报，不到两年，北京第一机床厂创作班的许多作者迅速提高了写作水平，先后有不少人在报刊、杂志上发表诗歌、小说、报告文学等作品。

　　不久"文化大革命"开始了，文学创作班暂时停了下来。草明被关押、批斗、下放劳动的厄运接踵而至。1973年草明重回北京第一机床厂恢复了文学创作班，那些爱好文学创作的青年人又得以重聚，他们见到草明后热情拥抱，紧紧握手，场面十分感人。

　　后来，许多人的命运因草明而改变，陆续成为作家、新闻工作者，甚至走向重要的领导岗位。高明岐经草明推荐调入中华全国总工会，若干年后任总工会生产部部长。赵兹后来成为《经济日报》海外版主编。张征调入中国青年出版社，并加入中国作家协会。王恩宇调入《工人日报》，成为著名的诗人。陈建功进入北京作协，后来成为现代文学馆馆长、全国作协副主席。

住在史家胡同期间，草明发表了短篇小说《幸福》，后来又根据在北京第一机床厂生活体验，创作了长篇小说《神州儿女》。

草明把一生无私地奉献给了中国工人阶级，她不仅在中国作家中首获"五一"劳动奖章，还被誉为"中国工人阶级的代言人"。这是她生命中最伟大的追求。

第 **5** 章
名人荟萃

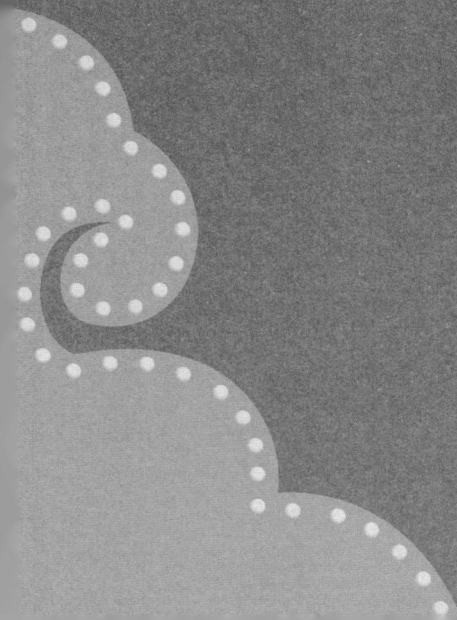

一、张博士的诊所

原史家胡同东口的第一个门牌是甲 1 号。一般的胡同都是从 1 号数起，胡同中的甲 1 号显然是后加进来的。的确，史家胡同甲 1 号原是内务部街 47 号和甲 47 号的后门，内务部街 47 号原是平津路铁路局顾问王承祖的宅第。

1926 年，张天民随家人由东石槽胡同 6 号迁到史家胡同甲 1 号。张天民 1915 年 6 月出生在山东德县，后来通过努力考上了协和医学院，毕业后留学美国，1941 年获美国医学博士学位。回国后，由于当时北京正处于日寇铁蹄之下，张天民不愿意为日人所用，遂在史家胡同甲 1 号开办了张氏诊所。

日寇投降后，张天民加入北平陆军总医院并成为上校医师，同时还兼任同仁医院外科主任，但张氏诊所的牌子一直挂到新中国成立后。

新中国成立后，张天民加入了中国农工民主党，主要服务于同仁医院，并曾在 1951 年到北京道济医院兼职。1953 年，以张天民为主组建了同仁医院胸心血管外科，设病床 40 余张，主要开展结核病的手术治疗。1954 年，张天民在市属医院首开肺叶切除、胸腔镜检查和肺结核外科治疗。1955 年，张天民发表了《什么是肺癌》的论著。1956 年，由张天民主持在同仁医院胸心血管外科开展了北京市第一例体外循环下心脏直视手术。后来，他在宣武医院任外科主任、副院长、主任医师。

时光荏苒，史家胡同早已经不见了甲 1 号，不过还时常有人记起那座张氏诊所，那可是在当时北京不多见的博士西医诊所啊。

二、铁路英才

北京解放前后，史家胡同东口路北的几个院子几乎都是平津区铁路局的宿舍，在这里还真出了不少后来堪称"英才"式的人物。

1. 从实干家到学问家

史家胡同老门牌 1 号，现仍称为 1 号，抗战胜利后，这里成为平津区铁路局宿舍，住进了七八户人家，

史家胡同 1 号院大门

自那时候起，这里已经就是大杂院了。宗之龙一家就是住在这里的其中一户。

宗之龙是宗威与姚鸿慧之子，出生于 1907 年。1929 年毕业于交通大学北平交通管理学院运输系，实习期间在津浦铁路局，毕业后留任。他的妻子叫俞树蘩。宗之龙历任津浦铁路调度股主任、铁道部专员，1945 年任平津区铁路营业处处长兼调度总所所长等职。

1946 年迁入史家胡同。1948 年，加入中国国民党革命委员会。1949 年年初，作为平津铁路局代表之一，把铁路完好交给新中国政府。新中国成立后，宗之龙任铁道部调度计划处运输组组长、铁道部专门委员，是《铁路技术管理规程》的主要制定人之一。

1952 年宗之龙调入北京铁道学院，先后在经济系、运输系任教授，与苏联专家一起组建经济及计划教研室，1958 年发表《怎样来确定铁路年度运输计划》，1959 年发表《全党全民办铁路及其伟大历史意义》，1963 年发表《我国铁路发展的回顾》，1965 年发表《解放前中国铁路线网发展情况考证》。1978 年至 1985 年任北方交大图书馆副馆长、代理馆长，从事中国铁路史的研究，与北方交大 6 位教授合著了《中国铁路简史》。1985 年离休。1996 年 9 月 13 日去世。

2. 大院里的文人混搭

史家胡同老门牌 2 号，现为 3 号。新中国成立前，这里居住着平津区铁路局的赵建云、李世坤、张慕维、董肇祥夫妇。赵建云是河北滦县人，毕业于北平燕京大学，当时任调度分处处长。李世坤是位回民兄弟，毕业于交通大学。张慕维当时是平津区铁路局副主任调度员。董肇祥是江苏江都县人，时任平津区铁路局专员，他的妻子徐郁华毕业于师大女附中。

1950 年 9 月 21 日，作家杨朔持铁路工会全国委

1950 年的杨朔同志

员会的介绍信，携母亲、侄子入住到史家胡同老门牌 2 号。杨朔有许多散文是我们耳熟能详的作品，他出生于 1914 年，原名杨毓瑨，山东蓬莱人。1929 年毕业于哈尔滨英文学校。1937 年开始发表作品。1939 年参加八路军，转战于河北、山西抗日根据地，从事革命文艺工作。后到延安，在中央党校三部学习。解放战争时期任中国人民解放军华北野战军第十九兵团战地记者。新中国成立后任铁道部全国铁路总工会处长。

　　1951 年随铁路工人组成的志愿军入朝，参加抗美援朝战争，回国后历任中国作家协会外国文学委员会副

杨朔（左二）和志愿军战士在一起

主任、中国保卫世界和平委员会副秘书长、亚非团结委员会副主席、亚非人民团结理事会常设书记处书记、中国亚非作家常设局联络委员会秘书长、全国政协委员、中国作家协会第二届理事。1953年加入中国作家协会。1953年3月人民文学出版社出版了《三千里江山》。1955年杨朔迁往禄米仓胡同居住，后来成为我国现代著名的散文家、小说家。1968年，不幸在"文化大革命"中含冤离世。

史家胡同老门牌3号，现为5号。这座院落为了与东侧的院落隔开，中间加了甬道，大门前有罩壁，进门有影壁、过廊、垂花门，院内有抄手游廊，显示着院落的尊贵，不同凡响。解放前，在这里曾住着平津区铁路局调度总所事务员、湖北黄安县人吴恒惠，还有平津区铁路局山海关调度分所副分所长、湖南沅陵县人蔡秀钦。

史家胡同老门牌 4 号，现为一家涉外青年旅社，原历史形态已经改变。解放前这里住着平津区铁路局股长、毕业于民国大学的盖殿勋。

3. 人美宿舍里的画家们

史家胡同的 13 号（老门牌 6 号），过去是陆家一处比较讲究的三进四合院。陆家搬走后，1951 年 9 月，新成立的人民美术出版社宿舍就在这里，许多中国美术出版业的才俊都曾在这里居住。

这座院儿的前院儿住着邹雅先生。邹雅生于 1916 年，江苏省无锡市人，版画家、山水画家，中国美术协会会员。青年时代在上海出版界工作，致力于鲁迅先生倡导的新兴木刻运动。1938 年进延安鲁迅美术学院学习，此后曾在太行抗日根据地和八路军搞战地宣传工作。1945 年加入中国共产党。新中国成立后任人民美术出版社副社总编辑，兼习山水画，受黄宾虹影响较深，创作了一些反映社会主义建设的新山水画。其间，编有《解放区木刻》、《黄宾虹山水写生册》等书。

1973 年，邹雅调任北京画院院长。他的"皴纸画法"、他的"搜尽奇峰打草稿"的方法，都表现出他不拘成法，既师法造化又敢于在艺术创作中"日日求新"

邹雅

的艺术精神。1974 年，邹雅到阳泉煤矿深入生活，不
幸遇难。

　　人艺大院演员牛星丽的女儿牛响玲小时候常去邹
雅家，因为邹雅的女儿邹雪铃，跟她表妹是同班同学。
其实，她常去邹雅家的真正原因是他们家有好多特别好
看的书。当时国内很封闭，而在邹雅家能看到许多香港
出版童话故事书，非常非常漂亮。像《白雪公主》印刷
得那么好，画得那么漂亮，那个时候在其他地方是看不
到的，只有在他们家才能看到。一开始，她只是去看，
到最后下决心跟他们借，然后拿到家里，照着画，临摹
了很多。所以史家胡同小学的同学都知道牛响铃特别能
画美人，特别能画公主。

邹雅插图作品

　　另外，吸引牛响玲常去邹雅家的原因就是喜欢欣赏这个院里的阿姨。比如邹雅的夫人苏戈，还有中院儿住着的方菁阿姨，她觉得这些阿姨很漂亮。就是因为小时候在这条胡同里看这些有气质的阿姨看得多了，所以她长大以后就一直追求有气质的美。

　　在中院儿住着的方菁女士是江苏常州人。1933 年毕业于国立杭州艺术专科学校西画系。1934 年至 1936 年到上海联华影业公司从事美术工作。1938 年至 1945 年先后在上海影人剧团、西北电影公司、中华剧艺社从事舞台美术工作。1946 年在香港加入人间画会，从事进步美术活动。1949年到北京，在新华书店总管理处美工室工作。1951年调人民美术出版社，主要从事宣传画、年画创作。她的主要作品有宣传画《我愿做个和平鸽》、《让孩子们在和平环境中成长》，年画《草原小姐妹》等。

鲁少飞自画像

漫画家鲁少飞也住在这个院。鲁少飞，可谓是中国现代漫坛"鼻祖"式的人物。他1903年7月13日出生于上海，毕业于刘海粟创办的上海美专，曾参加北伐军。由于擅长画漫画，并通晓编辑工作，在总政治部宣传处书画股任职。1934年他担任了《时代漫画》的主编。曾创办中国漫画家协会，主办《救亡漫画》，主编

《国家总动员画报》，在漫画界具有很大影响。同时，他曾培养造就了一批具有鲜明个性的漫画家，因此，更有人称誉其为中国漫坛的"伯乐"。1950 年 10 月 24 日，鲁少飞进京，工作于中央美院供应社。1951 年 11 月 14 日鲁少飞迁到史家胡同 6 号，任人民美术出版社美术编辑组组长。他的代表作品有《改造博士》、《鱼我所欲也》、《晏子乎?》、《渔鹰》等。1993 年，在鲁少飞 90 大寿时被授予"中国漫画金猴奖"，这也是对他一生在漫坛耕耘的褒奖。1995 年 2 月，鲁少飞在北京病逝。

现在，这处院子还有一些老人美的后代居住，有时他们也津津乐道地聊起前辈人的故事，言语中充满了自豪感。

三、迁来的文化名流

史家胡同老门牌 7 号，现为 15 号，1948 年户口调查表显示教育部审查合格的教授、时年 71 岁的许子猷就住在这里。

1910 年，许子猷曾在河南荥阳创办新学，将中州女学堂改办为河南女子师范学堂，校址迁至信陵书院(今河南大学艺术附中)，为推动河南女子教育的发展作出了重大的贡献。此后，作为开封文化名流的许子猷经常以题诗、作词、行文、书画享誉近现代的中国文坛，

史家胡同 15 号院门前

被人们称为艺林高手、国学宿儒。

抗战前后，许子猷携家眷悄然北上住进东城的西颂年胡同 26 号，借助于自己在上层社会的能力，1946年 10 月购买了天津傅同善将军在史家胡同 7 号院的房产，在北平一直安顿下来。由于自己年老体弱，虽然有教育部审查合格教授的身份，但在当时北平强手如云、人才济济，市面又通货膨胀的情况下，没有什么部

许子猷父子

门或单位登门求教，好在后代们都很成才，生活还不成问题。

　　许子猷的长子许敬舆，字公岩，时年 48 岁，是卫生部注册的中医师。次子许敬武，字颐修，时年 41 岁，河南大学文学系毕业，曾任河南民政厅秘书处科长，救济总署河南分署秘书，新中国成立后从业于上海华东粮食公司。三子许敬端，字式楷，时年 30 岁，毕业于河南大学，曾在联合勤务部第五补给区司令部上校科长。

史家胡同 15 号院内老房

　　现在，许子猷的后代仍居住于此，院子对于他们来说显得十分狭小和拥挤，老房子已所剩不多，新房子已经改了几茬，建筑的历史形态发生了极大变化，守着自己祖上产业的后代们，已经全然没有了曾经辉煌的自豪感。

四、哲医的大匠之门

史家胡同 17 号现为东单交通支队，过去这里的老门牌是 8 号。翻开这里的老档案，医学大家刘士豪的名字跃然纸上。

刘士豪，原名刘明允。1900 年 12 月 25 日出生在湖北武昌。由于天资聪颖，父亲破例供他上学。上中学时，母亲染重病，数年方愈。为治母病，全家举债度日。为此，他萌动了学医的念头。1917 年，他就读长沙湘雅医学院预科。1919 年，考入北京协和医学院，毕业后赴美留学。1925 年，获美国纽约州立大学医学博士学位。回国后，北京协和医院聘请他为内科住院医

刘士豪

师。一年后，晋升为总住院医师，成为第一个担任总住院医师的中国人。

1928 年至 1930 年，他在美国洛克菲勒医学研究院进修，回来后不久，被晋升为副教授。从 1934 年开始，刘士豪与同事一起研究骨软化症的钙磷代谢，许多研究成果当时处于世界前沿，迄今仍为国际一再引用。他提倡把临床中碰到的问题，带到生物化学实验室中解决，并使之上升到理论，再用理论去指导临床。由于创造了

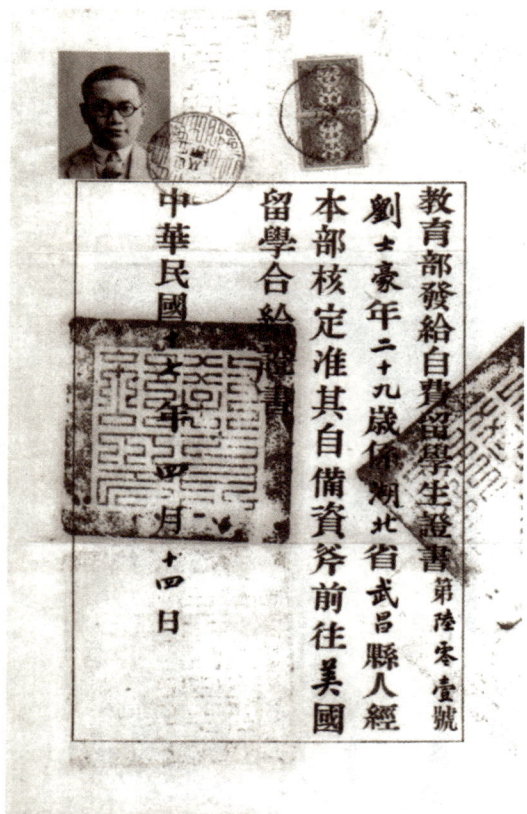

赴美留学证书

中华民国　　年四月十四日　留学合格證書　本部核定准其自备资斧前往美国　劉士豪年二十九歲係湖北省武昌縣人經　教育部發給自费留学生證書 第陸本壹號

这一套工作方式，刘士豪被人们称为"临床科学研究的典范"。

1937 年，刘士豪被选派赴英国伦敦进修。1941 年，刘士豪成为协和医学院第一个中国内科教授。太平洋战争爆发后，由于协和医院有美国背景而被日军关闭，刘士豪失业。当时美国皇家医学院重金聘请他赴美任研究员，他与妻子王意贞毅然决定留在自己的国土上，给同胞治病。于是，他在北平挂牌行医。1944 年，刘士豪购买了史家胡同 8 号的四合院，由万历桥 2 号来此安家。

抗战胜利后，他受聘任北平陆军医院少将医官兼

刘士豪正在做病理实验

任北平同仁医院内科主任。在科研条件简陋的情况下，他将临床观察和实验研究结合起来，在这两家医院开展科研临床课题，使当时发病率很高的斑疹伤寒、结核性脑膜炎的发病率明显下降。

1948 年 9 月，北京协和医学院和协和医院先后复院，刘士豪受聘兼任北京协和医院内科临床教授，北京

● 刘士豪与同事在协和医院

协和医学院生物化学系主任、教授。中华人民共和国成立后，他继续担任这两个职务。1949 年，他任北平陆军医院后来成为华北军区医院的内科主任，同时兼任同仁医院院长。

1955 年以后，他辞去同仁医院院长，专职于北京协和医学院。在此期间，他带领科室人员深入厂矿企业，开展对糖尿病的普查普治及科研工作，创造了一套教育患者掌握糖尿病复发规律及其防治方法。1957 年，人民卫生出版社出版了由他编著的《生物化学与临床医学的联系》一书。当时，在北京协和医院和一些大医院的内科，几乎人手一册。20 世纪 60 年代初，刘士豪身患多种疾病，但仍坚持工作。"文化大革命"期间，他受到残酷打击迫害，却仍坚持工作。1974 年 6 月 2 日，刘士豪在北京病逝。1990 年，在刘士豪诞辰 90 周年之际，中华医学会专门为他举行了纪念活动。

而今，史家胡同老门牌 8 号的历史形态已经消失，回望这里，人们的脑海中仿佛会呈现一座大匠之门。刘士豪先生的事迹依然被人传颂，他属于史家胡同，他是这个地区的骄傲。

五、大百科全书编辑部的出炉

《中国大百科全书》是中国第一部大型综合性百科

全书，也是世界上规模较大的几部百科全书之一。1978年，国务院决定编辑出版《中国大百科全书》，并成立中国大百科全书出版社。当时，中国大百科全书总社就安家在史家胡同17号，这里曾是著名医学家刘士豪住过的四合院。

1. 在艰苦的环境下

中国大百科全书总社入住的这座院落说是四合院，实际上南边沿胡同的房子不属于大百科，对大百科来讲只能算"三合院"。作为大百科全书总社领导成员的北京市老副市长张友渔的狭小的办公室就在院内公用厕所旁边，领导办公室尚且如此，其他工作人员的办公条件之艰苦程度可想而知。

当时在这处不大的院落里还有来自全国各地的编辑人员，其中有1979年6月5日从昆明市青云路迁入的袁熙坤，他1944年6月28日出生于昆明，后来成为我国著名的国画家、雕塑家。他的同事还有辽宁人杨公谨、山西人郭景天、天津人周绍昌、安徽人刘凤祥、北京人范宝新，等等。

西方出版界有这样的名言："如果要惩罚一个人，就让他去编百科全书。"这句话道出了编纂这部大型工具书的艰辛。出版界公认：百科全书的编辑加工总量和难度在出版物中高居首位。《不列颠百科全书》之所以权威，是因为爱因斯坦、居里夫人等一百多位诺贝尔奖

袁熙坤与作品

得主为其撰写词条。同样《中国大百科全书》也凝聚了
全国科学文化界各行业权威专家的心血和智慧。据统
计，《中国大百科全书》的作者累计近 3 万人。中国自
然科学、科学技术和人文社会科学方面有代表性的重要
专家学者，大多参加了编纂工作。

2.《中国大百科全书》再回首

可以说编辑《中国大百科全书》是对当代中国学
术界的一次大检阅。在统编《中国大百科全书》的高峰
期，编辑部拥有的专职文字编辑、美术编辑、技术编辑
人员多达一百余人。编辑们不但要具有很高的专业知识

素养，还必须善于和作者沟通和协调。因为，百科全书的权威性是建立在作者的权威性基础之上的。通过他们的共同努力，取精用宏，历时15载，终于完成了《中国大百科全书》这部代表国家水准的文化工程。

曾在这里办公的周绍昌后来从事了《中国大百科全书》中"图书馆学"、"情报学"、"档案学"的编辑工作。范宝新参与了《中国大百科全书》"物理学"的编辑工作。他们在条目设计、组稿、撰稿、审稿和配图的全过程中倾注了大量心血。范宝新说："如果不是为了中国的百科事业，不是为了这项代表中国国家水准的文化工程，编辑们不会这样玩命儿工作。"

经过三十年的岁月洗礼，现在这里座落着东城交通大队东单交通支队，历史形态已经发生了根本改变。如果再向他们解释这里的过去，肯定会让人诧异。再过几十年，人们若再回忆这里过去是什么情景，估计就更难了。诚然，这就是历史，只是不知道这一页该怎样翻过。

六、老局长的新贡献

史家胡同老门牌甲8号，现已成为东单交通支队的办公地，历史形态已经消失。1946年，时任平津铁路局局长的石志仁就住在这里。

石志仁，字树德，1897年3月生于河北省乐亭县。

石
志
仁

1909 年就读于天津南开中学。1918 年考入北京大学预科，同年考取香港大学机械科公费生。1922 年毕业获工程科学士学位。旋即公费留美，为麻省理工学院机械科研究生。1924 年毕业获硕士学位，继续攻读博士学位。1926 年回国，先任天津北洋大学机械系教授，后任沈阳东北大学机械系主任教授。

自 1928 年至 1949 年，石志仁在旧中国政府铁路部门任职 21 年之久。先任北宁铁路机务处工程司，后任沈阳皇姑屯铁路工厂厂长。1930 年赴美监造进口机车，并在欧美考察铁路。回国后，1931 年至 1934 年，任唐山铁路工厂厂长。1935 年，任京沪沪杭甬铁路局机务处副处长。1937 年，任津浦铁路局机务处处长兼全国铁路总机厂总工程师。抗日战争爆发后，石志仁撤往西南地区。1943年，任湘桂铁路局局长，积极组织后撤的铁路职工抢修铁路、维持运输、支援抗战。1944年日军向西南侵犯，湘桂铁路相继沦陷。1945年，任交通部路政司司长兼全国铁路总机厂厂长、交通部技术标准委员会委员。1945年，抗战胜利，石志仁任平津区交通特派员，主持接收铁路、公路、邮政、电信和航运，后任平津铁路局局长，并入住史家胡同。

1949年年初，北平和平解放，他主动配合人民政权接管铁路，恢复生产，致力于改变原有铁路工业的落后面貌。1949年10月被任命为铁道部副部长，主管机车车辆修理局、机务局、电务局、卫生局、车辆局、机车车辆制造局，后来主管机车车辆工业局。除负责铁道科技工作外，还多次受周恩来总理的指派，参加各种法规的研究制定工作和一些外事社会活动。自1954年起，他当选第一、二、三届全国人大代表，积极参加了新中国成立初期人民政权民主建设。他一向关心祖国的统一大业，运用他的社会地位，向台湾和海外的老同事、老朋友介绍祖国建设，谈亲身感受，敦促他们为祖国统一大业做贡献。

在石志仁被选为中国科学院技术科学部学部委员，任国家科委机械组副组长、铁道组长期间，他积极参加组织制定国家科技发展规划，和一些教授、专家共同倡议成立中国机械工程学会，被推选为副理事长、理事长，对推动学术交流起了积极作用。1954 年，他在铁道部倡议推广长钢轨、焊接钢轨、水泥轨枕、微波通信等技术。中华人民共和国成立后的 23 年中，作为分管机车车辆工作的副部长，他积极学习苏联先进经验，结合中国实际，主持改革了机车车辆工业管理体制，实现了修理和制造工业基地的集中统一；进行了全面现代化技术改造，提高了生产技术水平和生产能力。对原有机车车辆也进行了现代化改造，合理调整了布局，扩建和新建了一批修理和制造工厂，扩大了生产规模。在他亲自指导下研制了第一代国产机车车辆，对机车、车辆和电务的技术装备进行了技术改造和扩建更新。同时，建立和建全了各项管理的规章制度，为铁路科技事业的发展，作出了重要贡献。1955 年石志仁被选聘为中国科学院院士。1972 年 1 月，病逝于北京。

七、隅居的大诗人

艾青出生于 1910 年，与曹禺、姚雪垠是同年生。1958 年 4 月正值反右运动，艾青在新疆被开除党籍。由于得到王震将军的关怀，并得到周总理同意，艾青被照顾，从东北到西北，一边劳动，一边写作，过着比较安定的生活。但是在八年之后，艾青在遭受了数不清的游街、批斗、侮辱后，被罚去打扫厕所，经历了"十年九生余一死"的灾难岁月。

"文化大革命"过后，艾青离开新疆石河子市建设兵团司令部调到北京作家协会，隅居在东城区史家胡同27号。他和他的第三任妻子高瑛与小儿子艾丹一起住在这座院落中一处不大的房子里。

艾青

1979年，艾青在这里写了一首《光的赞歌》，他邀朋友一同来分享他的作品。艾青用浙江口音的普通话朗诵这首两百多行的诗，声音不高，但很有激情。他一边朗诵，一边习惯性地打着手势。

这年秋天，《艾青诗选》又出版了，这是自"文化大革命"以来，除了鲁迅作品集以外，人民文学出版社出版的最厚重的一本个人诗集。这是艾青"倒霉"和"消失"二十多年后的第一本诗集。

1983年春天，艾青的健康状况已大不如从前，有一条腿行动不便。这时，艾青已从史家胡同搬到北京站旁丰收胡同的一座小四合院。这时的艾青基本上整天躺在沙发上听音乐，有人问他对新诗现状有什么看法，他说自己已经不看书也不看报了。还有人问他近来写些什么，他的回答居然是："不写了，我已经写尽了。"之后，他又搬到东四十条居住，直到离开人世。

八、艺术家的院落

刘半农是我国著名的语言学家、诗人、小说家、翻译家，而且还是五四新文化运动的先锋人物，而史家胡同老名牌甲 14 号曾经正是他的长子刘育伦的住宅。

1. 教我如何不想她

1920 年 8 月，刘育伦与妹妹刘育敦一同出生在英国伦敦，正是在这一年刘半农先生写出了白话诗《教我如何不想她》。曾在史家胡同参加过庚款游美留学考试的赵元任先生于 1926 年将刘半农的这首白话诗与美国民间歌曲曲调相结合，谱出了《教我如何不想她》。

《教我如何不想她》在 20 世纪 30 年代的中国青年知识分子中广泛流行，在诗歌中刘半农先生首创了"她"字。走在这条胡同中，哼唱刘半农先生与赵元任先生的合作的"天上飘着些微云，地上吹着些微风。啊！微风吹动了我头发，教我如何不想她?……"真是

史家胡同 31 号院大门

惬意啊!

　　住在人艺宿舍大院的导演蓝荫海说起对过儿住的刘育伦还是记忆犹新:"开始的时候,是因为使用保姆的事儿让我们的关系拉近了。那时候我家里的人很少,他家里的人也很少,都用不了一整天的保姆。他知道我们家的情况后,就主动找到我问:蓝老师您看您家的保姆能不能每天让她到我们家来干上几个钟点儿啊,我说:行!行!"

　　从这儿以后,这两家人就常有来往。有一年过春节，刘育伦送给蓝荫海家的礼品是酒瓶上印有肖邦头像的酒，非常高级。直到现在蓝荫海还保留着这瓶酒，一直都舍不得喝。

2. 搬来的雕塑家

刘育伦也是我国近代作曲家、演奏家、音乐教育家刘天华的侄子。1950 年 7 月 19 日，刘天华的女儿，在天津音乐学院教书的刘育和与国立美术学院教授滑田友举行了婚礼，11 月 25 日刘育和携自己的丈夫从大雅宝胡同甲 2 号搬进了史家胡同老名牌甲 14 号，来投奔自己的堂兄。

刘育和的丈夫滑田友是江苏淮阴人。1933 年，随徐悲鸿赴法国留学，先后在巴黎高等美术学校、巴黎里昂美术学院、巴黎刚晓美爱美术研究所学习、研究和创作雕塑。在法国期间，几乎每年都有作品入选巴黎春秋两季沙龙和独立艺术家沙龙的展览，并多次获得奖项。1939 年，在德军入侵法国时，他创作了反映第二次世界大战的三组浮雕稿《离别》、《医治》和《逃难》，这组作品陈列于 1942 年法国巴黎春季沙龙。滑田友从巴黎高等美术学校毕业后拟回国，在饯行宴上遇到里昂中法大学秘书长潘季屏，潘季屏劝他暂缓归国，并帮助他筹集了资费 3000 法郎，滑田友利用这笔钱和归国的路费创作了大型雕塑《出浴》，获 1941 年巴黎春季沙龙银奖。

滑田友

为了解决生活问题，从 1941 年开始滑田友每天在布夫纳漆器工厂工作半日，直至 1947 年为法国装饰名家制作漆器和漆画。他制作的漆器屏风，在法国艺术家沙龙展览会中获得银奖。

1947 年中下旬，徐悲鸿邀请滑田友回国到北京艺专任教，滑田友遂下决心回国。1948 年 1 月 28 日，滑田友携带大量雕塑作品，从马赛上船回国，在南京大学附中礼堂国民政府教育部举办了"滑田友个人作品展览"。6 月 20 日，抵达北平后，出任北平艺专雕塑系教授。10 月，在北平艺专的德邻堂举办了"滑田友个人作品展览会"。

滑田友作品《轰炸》

1949 年 9 月 23 日，滑田友给北平城市建设局写信，建议在前门、天安门广场做纪念为国捐躯的人民英雄雕塑。1950 年 4 月，北平艺专与华北大学三部美术系合并成立中央美术学院，滑田友担任中央美术学院雕塑系教授，代理雕塑系主任。1952 年，滑田友加入民盟。1957 年 5 月，担任北京人民英雄纪念碑美术工作组副组长，创作人民英雄纪念碑浮雕《五四运动》；1958 年 4 月，人民英雄纪念碑竣工落成。1958 年冬，滑田友又参加中国革命历史博物馆雕塑组创作工作。

3. 陶醉在艺术之声

在史家胡同里上学的孩子很淘气，扰乱了安静的

1956 年滑田友在创作《五四运动》浮雕

史家胡同，可孩子们去同学家串门却表现得特别乖。例如，去滑田友家，孩子们从小就知道，人民英雄纪念碑上的雕塑就是由这个叔叔设计的，所以对他特别崇敬。滑田友家的孩子滑玉、滑夏都是史家小学的学生，住在史家胡同里同学就总想跟着她们去她家看看。另外，就是到她家最想听滑玉的妈妈弹钢琴。

滑玉的妈妈，圆圆的脸，梳着短发，说话声音也是软绵绵的，感觉特别慈爱，每当听她弹钢琴的时候，孩子们就都没声了，溜着墙边，在那儿细细地听，其实不一定听得懂，但是能够感受到那琴声的美妙。如今，当年的这些孩子回想起来，还总觉得那真是一种熏陶，很享受的那种熏陶。

住在人艺大院的导演蓝荫海的孙女要学钢琴，蓝荫海先找了自己在音乐学院当教授的叔叔，没想到老人家说："你孙女要学钢琴，可我现在老了，我给你推荐一个老师，就住在你对门，她叫刘育和。"蓝荫海满心欢喜，就让老人家给刘育和打了个电话，然后，刘育和就主动联系了蓝荫海。就这样，蓝荫海的孙女跟刘育和学钢琴一直学到八级。再后来，蓝荫海的孙女到美国继续深造去了。

4. 油画家的到来

1962 年 5 月 28 日，又有一位著名的油画家罗工柳先生携夫人杨筠由东城区校尉营 8 号迁入这座大宅院，使这里的艺术氛围更加浓烈。

罗工柳是广东开平人，1936 年考入杭州艺专。抗战爆发后，投入抗敌宣传活动。1938 年在武汉参加筹组全国木刻协会，当选理事。同年到延安，进入鲁迅艺术文学院美术系，并参加"鲁艺木刻工作团"，年底赴太行山抗日前线，任《新华日报》美术编辑，从事版画创作。1946 年至 1949 年，任教于北方大学和华北大学

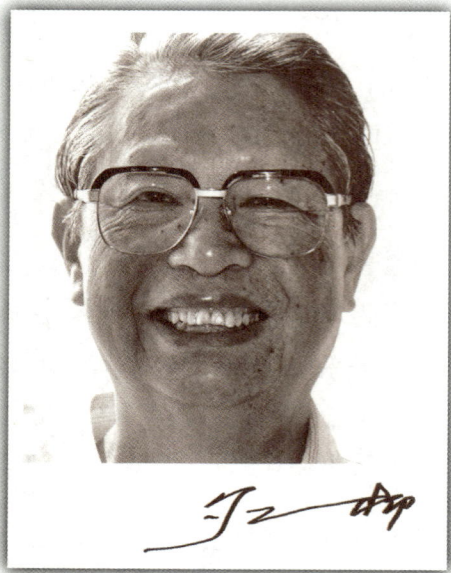

罗工柳

文艺学院，担任华北联合大学文艺学院美术系主任。新中国成立之初，罗工柳随华北联大进入北京，参与创建中央美术学院，在新成立的中央美术学院担任领导工作。1951年，创作出了两件重要作品《地道战》和《整风报告》。

1955年至1958年，罗工柳以教授身份赴苏联留学，进入列宾绘画雕塑建筑学院研究油画艺术。回国后历任中央美术学院教授、绘画系主任、副院长，中国美术家协会常务理事，中国美术家协会书记处书记，全国文联委员。主持文化部主办的油画研究班和中央美院油画系罗工柳工作室的教学，其绘画技法和教学方法对中国油画创作和油画教学有广泛影响。他主持了第二套至第四

罗工柳作品《地道战》

套人民币的设计工作，这三套人民币以其完美的设计，在国际上产生了重大影响。罗工柳的代表作有木刻《鲁迅像》，油画《前仆后继》、《毛泽东同志在井冈山》等，出版有《罗工柳画集》、《巨匠周刊·罗工柳·专集》、《罗工柳艺术对话录》等。

5. 回望艺术家的院落

1978 年 10 月，住在这里的滑田友与夫人刘育和重访苏州角直保圣寺，回北京后立即给中央文物局局长王冶秋写信，建议修复苏州甪直保圣寺唐塑，提出中央美术学院可以承担这项任务。1986 年 2 月 19 日，滑田友先生病逝。2004 年 10 月 23 日，罗工柳先生病逝。至此，这两位中国的艺术巨匠在这座院子里走完了他们各自不同的艺术道路。

回首仰望那座院子的广亮大门、倒座的平房、院里的小楼，耳边仿佛响起一首变奏曲，演绎着这座院落所承载的名人故事。

九、傣族将军的戎马生涯

史家胡同 35 号现为全国妇联老干部活动中心，气派的大门开在院落中部，一看就是一处公共活动场所。进院观看，院中的空场开阔，房屋跨度较大。问过老居民得知，这里以前是全国妇联宿舍，原大门是一座广亮的大门，开在院落的东南角，现在还有痕迹。

虽然这座院落的历史形态已改变，但新的建筑形态仍不失传统。看过相关史料得知，此处为老门牌 15 号，曾是一处官产，1946 年由一位叫周体仁的将军使用。

周体仁将军生于 1893 年，云南景谷傣族人。1916 年加入护国军。1918 年 10 月升任第 4 师第 7 旅上校团长。1919 年 10 月考入云南讲武堂韶关分校。1923 年

周体仁

3 月调任大本营直辖第 7 军上校参谋长。1925 年 6 月入建国第 1 军任上校谘议。1927 年 5 月调任第 27 师上校参谋长。1928 年 5 月调任第 27 师第 81 团上校团长。1931 年 5 月调升军事参议院少将参议兼第 3 军军官干部队教育长。1936 年 2 月 6 日叙任陆军少将。1937 年 8 月，周体仁升任第 3 军中将参谋长兼第 12 师参谋长。1938 年 7 月升任第 35 军团中将参谋长兼第 3 军参谋长。1939 年 7 月 13 日晋任陆军中将。1941 年 7 月 1 日调任第 3 军军长。1944 年 4 月 15 日调升第 34 集团军副总司令。

抗战胜利后，1946 年 5 月 2 日，周体仁将军由云南迁入北京东城史家胡同 15 号。1948 年 11 月国民第 34 集团军改编为第 4 兵团，他任副司令官。12 月调任北平警备总司令部总司令。

1949 年 1 月，周体仁随傅作义将军在北平完成和平义举。同年 6 月受邓小平推荐赴云南策动卢汉起义。12 月当选云南人民临时军政委员会委员。1950 年任云南省军政委员会委员、西南军政委员会委员、云南省人民政府委员兼参事室主任。1951 年 11 月当选云南省各族各界人民代表会议协商委员会常务委员兼秘书长。1954 年 1 月 17 日在云南昆明病逝。

十、不胜枚举的名医

由于史家胡同与协和医学院、同仁医院很近，又有地理位置的优势，所以住在这里的从医者较多。这些从医者虽然生活在同一条胡同里，却有着不同的人生轨迹，他们的行医之道又构成了胡同里的另一道风景。

其实，住在史家胡同的名医还有许多。例如，从日本帝国大学毕业，1948 年由沈阳到京的马英达。当时他租住在史家胡同老门牌 21 号，供职于市立第一医院，任西医内科主任。为了离单位距离近一点，1950 年 10 月 14 日，他迁往前门外仁寿路泰安里 4 号。

2011 年，笔者有幸参加了清华大学百年校庆，巧遇 91 岁杨津广老先生，他告诉笔者，他新中国成立前后曾租住在史家胡同刘士豪家的老门牌 8 号院。这位长者是来参加校庆资格最老的健在老校友，身体保养得最好！不愧为安定医院的老医生。他在发言中指出："目前，心理系专业社会需求量很大，可是人才培养不够，还有很多人毕业后不愿意从事这项工作，造成人才流失，因此希望清华大学心理系能重视自己的专业方向。"

十一、傅作义曾住过的院落

史家胡同 47 号的老门牌为 23 号，过去这里曾是一座规模较大的老宅院，其历史故事更值得大书特书。

1. 几经接收的院落

1946 年，国民政府发现曾有日本人在史家胡同 23 号居住，经调查得知，这里原为敌产日本东洋纺织株式会社北平出张所，后来几经合并，在 1945 年 7 月 1 日并入华北纺织公司。日本投降后，1945 年 10 月间，先经国民党政府军政部接收，又转为国民党政府经济部冀热察绥区特派员办公处接收，后来这个办公处的纺织组组长王仲宜索性就暂住在此。

到了 1946 年 6 月 27 日，王仲宜在绥远省政府的压力下，不得不让与绥远省政府，作为特派员办公处使用。1946 年 8 月 16 日绥远省政府正式接收了史家胡同

23 号院及旁门。

2. 傅作义入住

绥远省政府主席傅作义在 1946 年 8 月 16 日的"案准第十二战区司令长官部驻平办事处（平字第一号）函"中提道："……派李荣骅为本战区驻平办事处少将处长，东四史家胡同二十三号成立办事处开始办公"。李荣骅既李腾九，是傅作义将军的亲信幕僚。当时傅将军的第十二战区司令长官部设在归绥，他命李腾九为处长，带领工作人员二十余人，先期入平，成立国民党政府第十二战区驻北平办事处，负责接待傅作义所部来北平办事的人员以及与北平有关单位联络等事宜。1947

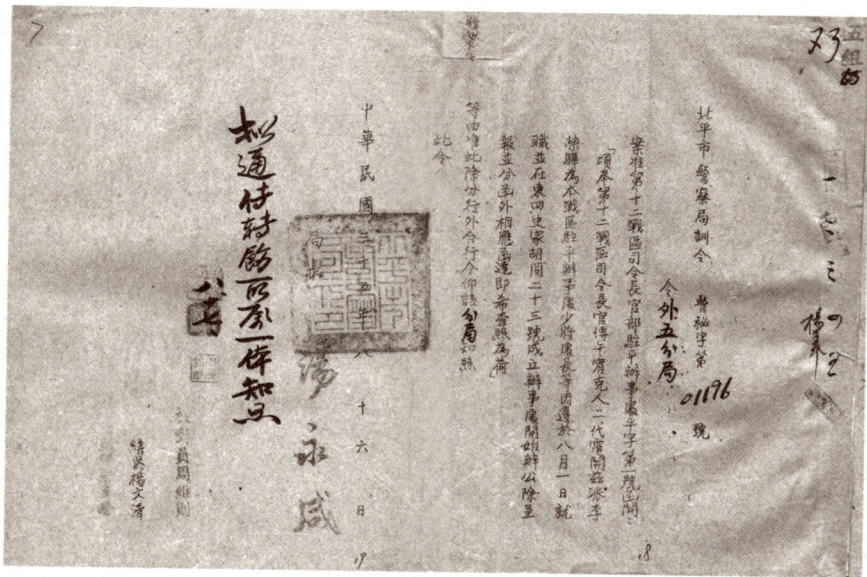

李荣骅到史家 23 号的函

年 9 月，傅作义的总部迁到张家口，史家胡同 23 号改称张垣绥靖公署驻平办事处。

1948 年 1 月，傅作义被蒋介石任命为华北"剿匪"总司令。9 月，傅作义的总部进驻北平，史家胡同 23 号名义上是华北"剿匪"总部副官驻地，而其实傅作义及夫人刘芸生，其母刘伯筠，傅作义的子女傅克庄、傅亨、傅克坚、傅克城、傅克谨、傅克利都住在这里。同时迁入到这里的还有"奋斗中学校董会"，董事长为傅作义先生，另有傅作义的一些随员同住在这里。

3. 来回踱步的身影

一提起傅作义，人们自然就会想到古都的和平解放，尽管战争的阴云已经过去六十多年。有人说如果没有傅作义先生当年的义举就没有今天的古都，这是非常贴切的。

1948 年 10 月，中共中央、中央军委继辽沈战役大捷之后，对平津战役进行了部署。在这里，我们似乎又还原了傅作义先生来回踱步的身影。李腾九追随傅作义数十年，并一直充当他的高级幕僚，对傅作义的行为习惯是十分熟悉的。他知道他的脾气。当他独自在屋子里踱步思考的时候，最讨厌也最忌讳他人打扰。尽管他随时都可以到总部晋见，可正因为如此，他反而更加谨慎。一看到傅作义在屋里转圈子踱步，就知道必有重大事情需要决断。他也不敢贸然而入。

一天，傅作义正在客厅里来回踱着步，跟随多年的警卫秘书段清文觉察到傅作义当时像在生大气，又像在集中思维，考虑什么重大问题。凭经验，这时候任何人都不能进去打扰，最好躲得远远的。

可这时总部参谋长李世杰来了，段清文意识到一定是有什么军务大事，便硬着头皮进去通报："参谋长来了。"傅作义没在意地说了声"来吧!"仍然踱步，连回头看一眼都没有。

李世杰进去后，傅作义照样在客厅来回踱步，没有一点儿反应。李不好开言，坐了好些时间，傅作义才问李世杰："你说说，咱过去的历史就全完了吗？"李世杰被这突如其来的问话问住了，还未来得及考虑答话，傅作义又发问："你说，和谈是不是投降？"

李世杰领会到"总司令这会儿心情十分繁乱"。他小心翼翼地简述着自己的看法，可傅作义全然没有去听，过会儿又发问，一个问题连问几遍，仿佛陷入了深深的思考中，不停地发问几乎成了自言自语。

有一天，傅作义在自己的办公桌上，发现了一大堆解放区出版的报纸和一些小册子，其中还有几份11月8日和9日的山东《大众公报》，上面有《告国民党官兵书》和《告国民党党政军机关书》，是在济南战役中被解放军俘虏的国民党高级将领王耀武写的。还有几本小册子，竟然是毛泽东的《目前形势和我们的任务》、

《论联合政府》和《论持久战》。傅作义先是把这些东西推到了一边，然后还是拿起来翻了翻，接着就坐下来认真地读了起来。他把毛主席的那篇文章反复地看了两遍，然后就背着手又在屋子里踱步。他当然知道，这些东西都是女儿有意放在这里的，其他人哪有这个胆儿。当傅冬菊走进去的时候，看到她父亲正在屋子里踱步，就故意问道："爸，您怎么又在这里'推磨'啊？是不是又碰到了为难的事啦？"——傅冬菊总把傅作义的踱步叫作"推磨"。傅作义指着桌子上的那些书报说："这不是明知故问吗？是你放在这里的吧？"

1948 年 11 月 29 日，华北解放军包围了张家口，傅作义背着手来回踱步，半晌不说话。傅作义心里明白，无论如何都要保持西退绥远的道路畅通。傅作义决定出动他的王牌三十五军。然而，最终他的王牌三十五军全军被歼，使他西退的幻想破灭了。

4. 接触中共　走向和谈

1948 年 12 月 12 日，傅作义把华北"剿总"联络处处长李腾九找到办公室，询问中共方面对和谈的最新态度。李腾九告诉傅作义自己在《平明日报》社当记者的堂弟李炳泉就是中共地下党员，傅作义眯着的眼睛突然睁大了："真的？"不过，他很快又恢复了平静，说："你一定要绝对保证他的安全。"很快，李腾九就领着李炳泉与傅作义见面。李炳泉开门见山地告知傅作义，他是受中共北平地下党的派遣，转达和平谈判的意向。傅作义询问能否由自己的代表与他一起去见中共方面的领导。李炳泉给予了肯定的答复。随后，傅作义与政工部长王克俊、李腾九秘密商定，由平明日报社社长崔载之作为和谈代表，带上随员、译电员和司机共五人组成一个和谈小组。14日，崔载之、李炳泉一行五人由王克俊、李腾九送出城去，乘坐吉普车向河北平山驶去。傅作义随即让李腾九假装生病，携带电台住进医院的单人病房，专门与崔载之、李炳泉联络。

　　就在崔载之、李炳泉出城谈判的同一天，傅作义在北平的华北"剿总"会议室，秘密召集了由傅部嫡系部队师长以上军官参加的会议。大家坐定之前，傅作义就围着会议室走了一圈。等大家都坐定之后，他仍来回踱步。踱到谁的座位前，他就问："北平被围了，该怎么办？"没有人回答。他就一个一个点名问，可被点名者只是站起来，并不吭声。轮到三一一师师长孙英年时，他脱口而出："打。"傅作义问："你能打几下呢？"孙英年估摸着说："可以打一下半吧。""一下半从何而来呢？"傅作义紧盯不放。孙英年说："我可以纵深出击三百公里，你指到哪儿我打到哪儿。然后，我再回来参加守城。这就是一下半。"傅作义说："我以为你突围出去了，可你又回来了。这一下半完了又怎么办呢？""那就守城。""那守城完了怎么办呢？""不成功便成仁。"

傅作义说："要死？死的方法多着呢，为什么要打仗死呢？"孙英年就没话了。接下来的人就更不说话了。傅作义说："我认为北平唯一的办法是走和平道路。"而傅作义所说的和平道路，是与共产党成立华北联合政府。傅作义的想法其实是来自中共七大报告里"联合政府"的说法。

5. 丢掉幻想　义无反顾

1948 年 12 月 13 日，华北、东北野战军完成对国民党华北"剿总"傅作义部的包围分割，解放了北平四郊，包围了北平城区。14 日，傅作义第一次派《平明日报》总编崔载之代表他出城谈判，核心是要求组织华北联合政府，保留军队。然而，这与中共中央的主张差距很大，解放军督促他必须放下武器。傅作义表示要继续作战。

1949 年 1 月 1 日，中央军委致电平津前线司令员林彪，提出与国民党华北"剿总"司令傅作义谈判的 6 点方针。新保安战斗后，傅作义被定为战犯，1949 年 1 月 6 日，双方开始第二次谈判，解放军提出所有军队一律解放军化，所有地方一律解放区化。傅作义认为所谈问题不具体，部队离城改编还需要时间，采取拖延的办法。

1 月 13 日，傅作义的谈判代表、华北"剿总"副司令邓宝珊和周北峰到达通县五里桥平津前线司令部所在地，同中国人民解放军的谈判代表进行第三次谈判。

14 日，人民解放军用 29 个小时攻下天津，傅作义最终没有了退路。16 日，双方签署了《北平和平解放的初步协议》。1 月 16 日中央军委给平津前线司令部发出关于保护北平文化古城的指示电："此次攻城，必须作出精密计划，力求避免破坏故宫、大学及其他著名而有重大价值的文化古迹。""即使占领北平延长许多时间，也要耐心地这样做。"

1949 年 1 月 16 日下午，在和平抉择的最后关头，傅作义发请帖请北平的学者名流到中南海聚会。当时的文化名人有徐悲鸿、朱光潜、许德珩等二十多人。傅作义诚恳地说：局势如何？想听各位意见，以作定夺。徐悲鸿说：当前形势，战则败，和则安，这已是目前常识问题。第二个发言的是生物学家胡先骕，他呼吁傅将军以民族大义为重，化干戈为玉帛，保护北平免遭兵灾。杨人楩教授更是慷慨陈词：如果傅先生顺从民意，采取和平行动，他作为一个历史学家，对此义举，一定要大书特书，列入历史篇章。可见知识阶层为着国家的前途和古都的文物，全体赞成北平的和平。高级知识分子对时局的倾向对傅作义再次发生了重要影响。

1949 年 1 月 20 日，傅作义接受了解放军提出的条件，其所属的两个兵团部，八个军部、25 个师，共二十多万人接受人民解放军的和平改编。21 日，发出《关于全部守城部队开出城外听候改编的通告》。1 月 22

傅作义发表的『休战公告』

保促成全国全底澈民人都故文物和平

傅總司令發表文告
雙方協議昨起休戰

設聯合辦事機構處理軍政
城內部隊移城外實行整編
各機關暫維現狀保障安

日，傅作义在《北平和平解放协议书》上签字，并发表广播讲话。傅作义率部出城，部队换防交接。1 月 31 日北平宣告和平解放。国民党军队全部开出城外，听候改编，中国人民解放军开进城内。北京城从此永离战火，北平的和平解放功绩永垂史册。和平解放使著名的文化古城、文物古迹能完整地保留下来。

傅作义考虑"罢战求和"的心路历程到底是怎样的？傅作义先生曾说，争取和平解放，他是冒着三个死来做这件事的。一个是和共产党打了几年仗，不了解他的人可能要打死他；二是蒋介石和他的嫡系部队，随时都会杀害他，中央军这时的兵力已经远远超过了傅作义

解放军接管北平

的部队，而且都驻守北平的关键位置；三是自己的下属
是否都会同意他的选择？部队能不能稳定下来？自己内
部不了解情况的人，也可能要打死他。

6. 打消疑虑　投身新中国建设

1949 年 2 月 21 日，毛泽东在河北西柏坡会见了傅
作义将军。傅作义将军见到毛泽东激动得半天说出一句
话："我有罪。""你做了一件大好事嘛，宜生先生。过
去我们在战场上见面，清清楚楚。今天，我们是姑舅亲
戚，难舍难分。蒋介石一辈子要码头，最后还是你把他

甩掉了。"毛泽东和蔼、亲切而又风趣的话语使傅作义将军受到极大鼓励和宽慰，所有的疑团烟消云散了。4月1日傅作义发表通电，拥护中国共产党、毛泽东主席的领导，号召国民党军政人员弃暗投明，为迅速实现全国和平作出努力。2日，毛泽东致函傅作义，欢迎他参加新民主主义建设事业。

　　从国民党将领到新中国的水利部部长，傅作义的"行业跨度"应该是最大的，他也是首任部长中任职时间长达 23 年的一位党外人士。而史家胡同的这所住宅是傅作义先生在 1946 年就置办下来的官产，一直到新中国成立后的反右运动以后，都在使用。

傅作义

1974 年 4 月 19 日，傅作义病逝，享年 79 岁。1974 年 4 月 23 日，周恩来总理亲自主持追悼会，叶剑英致悼词，高度赞扬傅作义对抗日战争，北平、绥远的和平解放作出的重要贡献，以及他为台湾早日回归祖国怀抱所贡献的力量。

7. 林业部长的接力入住

在"大跃进"运动中，傅作义搬出了史家胡同老门牌 23 号。继而搬到这里的是到京赴任林业部部长的刘文辉。

刘文辉，字自乾，1895 年 1 月 10 日出生于四川大邑。曾任川军刘湘部师长、成都卫戍总司令，后来又投向北洋军阀，帮办四川军务。1926 年后任国民革命军第二十四军军长等职。1949 年 12 月，刘文辉在四川彭县率部起义，后任西南军政委员会副主席、全国政协常委、全国人大常委、国防委员会委员和民革中央常委。1959 年，已经 65 岁的刘文辉调任林业部部长，到了北京后，国务院分配他住在史家胡同。

刘文辉有一个孙子叫刘世昕，当时在史家小学读书。那时候，史家小学的同学，对于他家里那个永远紧闭的大红门充满了好奇心。确实很少有同学能进到他家里，越是这样，同学们越想进去看看，因为，他们家的院子被同学们传说得就像故宫、北海公园、中山公园一样神秘而有趣。还有就是听说他家院子里住着一个尼

刘文辉与家人合影

姑，于是就更想去他家看看。进去过的同学总会被人家问："看见他们家的尼姑了吗？"这是那些孩子特别关心的事儿。

经过 1965 年的地名整治，史家胡同老门牌 23 号已改为 47 号。"文化大革命"爆发后，《收租院》的社会影响很大，人们觉得刘文彩比"半夜鸡叫"的周扒皮还坏。不久，史家胡同刘文辉住宅的门口突然贴了大字报，称："刘文彩的弟弟还住着这样房子！"红卫兵

刘文辉

甚至跑到史家胡同要"揪出大地主刘文彩的弟弟"，好在周恩来总理闻讯后迅速将他转进解放军医院保护了起来。

1972年，刘文辉不小心摔断了腿，1975年又被发现患了癌症再次住院治疗。1976年1月初，刚出院的刘文辉得知周恩来总理去世的消息后极为伤心，他强忍悲痛，让人用担架抬着他前往北京医院向周总理遗体告别。不久，刘文辉因病情恶化，再次住进医院，6月24日在北京逝世，享年82岁。

8. 国家副主席与邻居们

1995年，中华人民共和国副主席荣毅仁从北太平庄搬到了史家胡同，入住到史家胡同47号。得知消息

史家胡同 47 号院效果图（刘世昕）

后，史家胡同小学的校长卓立，以邻居单位的名义看望了荣毅仁副主席。本想得到荣副主席对学校的一些资助，但荣副主席却说：应该让学校的教师每天都能喝上一杯牛奶。最后荣毅仁赞助学校一万元人民币，要求学校用于创办校办工厂，使这笔资金得到循环利用。后来，按照荣副主席的思路，史家胡同小学将这笔资金用于创办校办工厂，得到了很好的经济回报，不但使学校的教师每天都能喝上一杯牛奶，而且使这笔资金良性循环利用了很多年。

2005 年 10 月 27 日新华社报道，中国现代民族工商业者的杰出代表，卓越的国家领导人，伟大的爱国主义、共产主义战士，中华人民共和国原副主席，第六、

史家胡同 47 号院大门

七届全国人民代表大会常务委员会副委员长，中国人民政治协商会议第五届全国委员会副主席，中华全国工商业联合会原主席，中国国际信托投资公司原董事长荣毅仁同志，因病于 2005 年 10 月 26 日 20 时 31 分在北京逝世，享年 89 岁。

这时，史家胡同 47 号的大铁门紧闭，不时有黑色轿车前来。车门一开，来人面色严肃，左胸前挂小白花。大铁门开时，可以望见院内摆放的素洁花圈。

其实，26 日当晚，史家胡同 47 号内就设立了小灵堂，荣氏亲友已全数赶回；27 日，中共中央办公厅成立治丧委员会，预定 11 月 3 日在八宝山举行追悼会。

在老邻居张怀荣的印象里，每当荣毅仁看到大院门口有邻居在时，总会笑着摆着手跟大家打招呼。"十多年的老邻居了，但也就见过五六次面，说走就走了。"

2005 年 11 月 6 日上午，随着"红色资本家"荣毅仁的骨灰起程运往无锡老家，史家胡同 47 号的荣家大院，忽然间已是雾色苍苍。

十二、章士钊曾住过的院落

在美国加入建筑师协会的张永和，又在北京大学建筑学研究中心任教授，他与著名文化学者洪晃是好朋友。张永和的父亲张开济，是中国老一代著名的建筑师，天安门观礼台、中国革命历史博物馆都是他的大作。洪晃的母亲章含之是中国前外交部长乔冠华的夫人，她的外祖父是我国著名的文人章士钊。

许多人都知道史家胡同 51 号院是当年周总理安排章士钊先生居住的，也是陪伴洪晃长大的四合院。而有意思的是，这所房子最早竟然是张永和母亲家的祖宅。

史家胡同 51 号院内

1. 院落的前世

洪晃曾说："我对四合院没有特别深厚的感情，因为我们搬进去是受到了政府的照顾，作为我来讲，可能更多的也是带着像索拉所说的自我反省的态度，这是我的吗？这以前是谁的？我们家的院子，是原来张永和母亲他们家的老宅子，因为跟张永和也是朋友，我老跟他一块参加一些关于建筑有关的会议，然后他跟他的外国朋友介绍我的时候说，这个女的他们家就是抢我们家院子的那家，然后我就特别不知所措。"

史家胡同 51 号院，在 1965 年以前的老门牌是 24 号，现在已被定为市级文物保护单位。典型的广亮门楼，厚厚的红漆大门，一对年代久远的石鼓门墩。进入院门，一扇漂亮的石刻照壁映入眼帘，宽敞的两进大院，院里种着梨树、柿子树等多种花草树木，两棵古老

● 51 号院大门

的芙蓉树像两把绿色与粉色交融的大伞，芙蓉花开的季节里，粉彤彤一片，甚是温馨好看，更显得优雅尊贵。

这座宅院原是孙泳潇于1920年购置的。迁入史家胡同之前，孙泳潇与夫人薛氏住在霞公府平汉铁路局宿舍。孙泳潇，字龙光，1880年出生，江苏无锡人，早年入私塾，再由上海法文书馆毕业，平时嗜好儒学，晚年赋闲。孙泳潇有二子三女，1910年1月29日出生的次女孙宜嫁给了曾在清华大学、北京大学工学院任教授的陶葆楷。陶葆楷也于1950年6月22日来到岳父家暂居。

陶葆楷，早年考入清华学校。1926年赴美留学，毕业于美国马萨诸塞理工学院土木工程系。1930年获美国哈佛大学卫生工程硕士学位。回国后，曾任清华大学教授。抗战期间任西南联合大学教授、土木系主任。解放前夕，陶葆楷婉言谢绝了台湾大学校长傅斯年挽留他留在台湾大学任土木系系主任，以及美国洛氏基金会邀请他去美国工作，按时离台赴港。后来，陶葆楷携妻子孙宜同赴广州大学任教。新中国成立后，陶葆楷历任北京大学教授，清华大学教授、土木系主任、环境工程研究所所长。长期从事给水排水工程和环境工程的教学与研究，是我国现代给水排水工程教育的创始人之一。

孙泳潇的次子孙正已，早年在航校毕业，解放前任空运大队专机组驻平津驾驶员，后任台湾空运大队驾驶员。

孙泳潇的小女儿孙靖曾为清华大学职员。平津战役期间，孙家充满了对战争的恐惧，孙靖的哥哥孙正己与嫂子常化仪一起飞往台湾，孙靖也随姐姐、姐夫赶赴广州，1949 年，著名科学家张开济留学归来，寻找事业的新起点。经朋友介绍，他认识了贤淑端庄的孙靖，不久，二人坠入爱河。他们从广州飞赴上海，又于1950 年 6 月 22 日来到北京，于 1951 年元月举行了简单的婚礼。再于 1951 年元月 9 日迁出了史家胡同。那一年，张开济 39 岁，孙靖 28 岁，从此开始了相濡以沫55 年携手同行的生活。

2. 院子里的租户（一）

1938 年中国垦业银行的创办人之一童今吾，为了方便开展业务，举家租住到史家胡同孙泳潇宅。

童今吾是浙江省宁波庄桥人，早年涉足钱庄业。1919 年，在天津与贺德邻创办了东陆银行。主要经营北洋政府财政部的放贷，1924 年宣布停业。1920 年，童今吾发起创立了明华商业储蓄银行，并担任总经理。总行最初设在北京，后来移至上海。1926 年 3 月童今吾联合银行家俞佐廷，创立了中国垦业银行，总部设在天津法租界 6 号路 82 号。中国垦业银行虽然是是商业银行，却取得钞票发行权。

● 史家胡同 51 号院内的树木

　　租住在这里的童今吾，这时尤其喜好瓷器收藏，如果不知道他是银行家，大家一定会认为他是位收藏家。

　　1948 年，中国垦业银行更名为中国垦业商业储蓄银行。新中国成立后，中国垦业商业储蓄银行总行于 1951 年 10 月加入金融业第一联营总管理处。天津分行于 1952 年 12 月 15 日与其他银行合并成立公私合营银行天津分行。

童今吾等创立的明华、中国垦业、东陆三家银行对中国早期民族金融业的发展起到了积极作用。

3.院子里的租户（二）

1950 年 3 月 16 日，孙泳潇的院里又来了一位叫夏循元的纺织实业家，租住这里。

夏循元祖籍浙江杭州，1913 年 9 月 6 日出生于奉天营口县。祖父夏同善是清光绪年间的兵部侍郎。父亲夏偕复曾任造币厂厂长、北洋政府驻美纽约领事、汉冶萍总公司副经理。

夏循元 1930 年考入上海圣约翰大学化学系，1934 年毕业。后来，担任上海交通大学助教，并成为英国白克教授的助手，参加筹备上海交通大学纺织系，后因抗

夏循元

日战争爆发而停办。1937 年至 1939 年在英国利兹大学留学，获纺织硕士学位。1940 年夏循元回到重庆，任中纺纱厂总经理。1941 年任中央工业试验所纺织试验示范厂厂长。

1945 年年底，他从重庆到上海，担任中纺公司上海第十七纺织厂副厂长，主管毛纺。1946 年至 1947 年在中纺公司进修班和上海交通大学纺织系讲授毛纺学。1947 年 7 月在中共上海地下党工委领导下，他与陈维稷、胡方等共同发起成立党的秘密外围组织中国纺织事业协进会，接受中国共产党的领导，团结技职人员，为新中国的解放事业作出了一定的贡献。

1949 年春节，夏循元驾驶小轿车和胡方驶遍半个上海，把中共地下党油印的 1600 多封宣传品，投递给上海各阶层人士。上海临近解放，夏循元积极组织护厂斗争，迎接人民解放军的顺利接管。

1949 年 8 月中国纺织工程学会第十四届年会上，夏循元被选为执行委员。10 月份，他奉调到北京，担任纺织工业部制造司毛麻处处长。

1950 年 6 月，纺织工业部召开全国毛麻纺织会议，讨论通过了由夏循元为主组织制定的《毛纺织厂经营标准暂行草案》和《麻纺织厂经营标准暂行草案》。1951 年 2 月，由夏循元负责制订了麻袋标准规格和成品及半成品试验暂行办法。

从 1953 年至 1957 年，夏循元参与了开拓国际市场的工作，利用进口羊毛，以进养出，开始向苏联、东欧、中国港澳、英国、加拿大、日本、西德和非洲等 29 个国家和地区出口。1957 年秋季，夏循元作为代表团成员到英国考察，完成了选购援助蒙古毛纺织厂设备、毛纺织染整设备定型组参考样机的订购工作。

1958 年，夏循元调纺织科学研究院工作。1959 年春，被划为"内定右派"，下放到沈阳毛纺织厂劳动。1962 年，夏循元任沈阳毛纺织厂总工程师，引进英国染整设备，在改造工厂落后面貌和提高产品出口合格率等方面做了许多工作。

"文化大革命"中，夏循元受到长期批判、斗争，身心受到严重摧残。1971 年 1 月 29 日夏循元在沈阳病逝，终年 58 岁。1980 年纺织工业部为夏循元平反昭雪，恢复了名誉，落实了政策。

4. 院子里的租户（三）

说来也许是当时史家胡同 24 院比较大，也许是这位孙永潇先生朋友多。1950 年 7 月 18 日，又有一位叫王国桢的实业家由香港来到北京，租住到孙永潇的 24 号院。

王国桢，1903 年出生于江苏省昆山县。早年考入清华大学，之后赴美留学，毕业于美国欧伯林大学。回国后任辅仁大学经济系教授。后来到上海工作，曾任上

史家胡同 24 号院（老门牌）屋内旧照

海中华银行分股股长、上海交大讲师、中央信托局信托科主任襄理、上海新新企业公司副经理。再后来辗转来到北京，在北京大学任讲师，又分别在中信局北京分公司、天津分局、广州分局任副经理。解放前夕到香港，任通信企业公司南阳分公司经理、华东区国外贸易总公司出口处副经理。1951 年 9 月 7 日，奉调到贸易部高级干部学校任教授。

王国桢的妻子黄小同，是著名爱国民主人士、教育家黄炎培之女，1914 年生于上海，燕京大学肄业，新中国成立后在北京私立建文中学任教员。

王国桢与黄小同的儿子王实方，1937 年出生，长大后长期在中国人民大学任教，并赴美做访问学者。

王国桢的外甥孙亦因，1937 年 2 月 13 日出生，家住上海愚园路 235 弄 37 号，其父孙瑞璜，解放前是上海新华银行总行代总经理，其母是华东师范大学的教授。

5. 迁来的大公报社

待孙泳潇全家搬出史家胡同之后，全国知名的大公报社迁到了这里。大公报社原在上海，1953 年经毛泽东批示决定大公报社和天津进步日报社合并组成大公报社。两报合并后总部迁往北京。按照计划经济的模式，两报合并初期，《大公报》1953 年 1 月 1 日在天津出版，同时筹划在北京建房，准备搬迁。

1953 年年初，《大公报》北京办事处设在王府井大街北口兹府胡同一个小三合院里。当时报纸接受的任务是："报道国家经济建设，宣扬保卫世界和平。"经中央宣传部门为《大公报》具体划定的国内联系范围是：财政部、外贸部、商业部、粮食部、供销总社、人民银行、纺织工业部、轻工业部、国家工商行政管理局、全国工商联等单位，并负责私营工商业社会主义改造的宣传报道任务。

报社组建初期，社长是王芸生，副社长是孟秋江、李纯青，总编辑是张琴南，副总编辑是孔昭恺、李光诒、赵恩源。合并初期，报社虽然设在天津，但业务领导中心在北京，便于接受中央各部门的指导。王芸生和李纯青两位社长坐镇北京办事处，另一副社长孟秋江则在京津间穿梭奔走。

1953 年夏天，报社购买了史家胡同 24 号的两所院落，拥有房屋约七八十间，具有相当规模。不久，成立社长办公室，设立国际、贸易合作、工商三个组，负责处理除新华社统发稿件外全部自发稿件。天津总编辑室负责最后定稿、校对、组版和处理新华社统稿，实际形成大部稿件由北京编辑而在天津出版的模式。进入 1954 年，副刊组、资料组也迁到北京。天津编辑部只余下总编辑张琴南和副总编辑孔昭恺、赵恩源主持工作。另一副总编辑李光诒则坐镇上海，兼管上海办事处的工作。

搬到史家胡同以后，王芸生和李纯青仍然在西院最后一排北房中各占了一小间。社长办公室逢周一有例会，两位社长必来参加。王芸生常常正襟端坐在一张单人沙发上，全神贯注地听各组汇报。对碰头会上落实下来的重要文章，他常到办公室来询问下落。分到他手上审改的稿件，及时处理，从不拖延。即使是节假日，有稿件需要处理时，他一样到办公室值班。他视报社如家，深受大家的尊重。

1954 年间，《中华人民共和国宪法》草案公布，王芸生亲自领导擘画，在一版上开辟专栏，逐日刊登讨论稿。他拟定"胜利的总结，幸福的保证"作为专栏刊头。1954 年秋天，副社长李纯青和总编辑张琴南相继离去。中共上海市委的官员杨永直进社任副社长，主持全面工作。他把自己的办公室设在前院的一个有套间的大房间里。

王芸生离开了多年的老友李纯青，虽然还担任社长职务，但已不大过问编辑业务了。1956 年 9 月，《大公报》正式在北京出版。次年，经历了反右派运动的洗礼，王芸生社长被通知不再主持编辑业务，而专心做研究工作。被划为右派分子的大部分报人都流放到各地，接着又下放了一批批的干部。50 年代末，由于工作需要，位于史家胡同的大公报社迁往外城，《大公报》从此进入了一个新的阶段。

6. 传奇老人——章士钊

大公报社搬出史家胡同以后，1960 年秋冬之际，在周恩来总理的关心下，章士钊一家入住到这里。

章士钊，字行严，1881 年 3 月 20 日生于湖南长沙，是我国近现代历史上一位颇具传奇色彩的人物。他早年以"苏报案"震惊思想界，策划过暗杀清廷要员的活动，后又转而提倡苦读救国，倡导传统文化，和当时轰轰烈

章士钊

烈的新文化运动格格不入。他和鲁迅分别代表了两种不同的思考方式，他们之间交锋的结果是新文化一方胜利。

后来，章士钊以北洋政府段祺瑞内阁的司法总长和教育总长闻名教育界，以两万银元巨款赠与毛泽东，以鼎立营救李大钊而为人们所激赏，以为被国民党捕获的陈独秀出庭辩护而暴得大名，以上海大亨杜月笙的高级顾问身份而名震上海滩。

抗战期间，他坚持民族气节。在解放战争后期，他积极为和谈奔走。1949 年 4 月，受李宗仁代总统委派与邵力子、张治中、刘斐同来北平，与中国共产党举行和平谈判。因国民党政府拒绝签订双方代表草拟的协定，乃留居北平。9 月，他应邀出席中国人民政治协商会议第一届全体会议，并参加了开国大典。1949 年 11 月，章士钊与他的第二位夫人奚翠贞和儿子章可、养女章含之由上海迁居到北京，从此定居下来。

起初，章士钊全家住在东四八条 54 号好友朱启钤的家中。由于两家人口都比较多，居住甚是拥挤。1959 年，周总理去看望章士钊，当看到拥挤不堪的书房兼客厅时，十分吃惊。连声自责，说是没有关心到，这么多年，竟让章士钊借居友人家中。章士钊说无所谓，只要有个地方看书、写字就可以了。回去后，总理立即报告了毛主席，并且指示国务院管理局为章士钊找一处四合院住宅。

后来，章夫人选中了史家胡同 24 号，因为在东城住了十年，对周围的环境比较熟悉。章士钊看了房子后认为房子太大了，自己一家住不了，便将第三进院分了出去。

1960 年秋冬之际，史家胡同的房子重新修缮完工，周总理特意请章士钊吃饭，并说："行老对中国共产党有过许多帮助，这幢房屋算我们送给你的。"章士钊笑答："我一生既无动产，也无不动产，要是收下这房子，我倒在解放之后反成有产阶级的房产主了。"① 从此，章

---

① 《史家胡同 51 号：章含之与乔冠华十年风雨相依》，http：//book. people.com.cn/GB/69360/15231430.html，2011 年 7 月 24 日。

士钊一家离开居住了十年的东四八条那半个后院，搬进了宽敞明亮的史家胡同老门牌 24 号。

自从章士钊家搬来以后，史家胡同西口就热闹了许多。章士钊的外孙女洪晃是 24 号院对门儿、老门牌 49 号院的常客，那时候大家都叫她妞妞。她是一个胖乎乎可爱的小女孩。为什么要经常到 49 号院呢？对于小孩来说都喜欢热闹，因为妞妞家是独院，自己常常会觉得没意思。而 49 号院她的好朋友多，所以她经常会到 49 号院里来玩儿。

洪晃也会常带着她的好朋友来到自己家里看电视。在"文化大革命"前，不管是不是胡同里的大户人家，如果是小孩，如果是同学，只要是她们互相认识，就可以直接带到院子里去。

1965 年，一辆黑车停在章士钊家门口，许多居民都看到了一个不高的老头儿穿着西装缓缓地下了车，一切都显得很自然。因为报纸上刊登过李宗仁回国的大幅照片，所以许多居民一下子就认出了下车的那位老人正是当过国民党代总统的李宗仁。随后下车的是他的夫人郭德洁，她穿着旗袍，头发上盘着簪。原来是李宗仁回国后，特意到章士钊家中作客，两位老人在一起谈古叙今，感慨万千。

1966 年，"文化大革命"开始，章士钊居住的这所院门前，不知何时被人贴上了"想当年鲁迅痛打落水

狗，看今朝小将直捣黑老窝"的对联。8 月 19 日的夜
里，一群"新北大红卫兵"冲进院来，将章士钊拖拽到
院里，历数他的"罪状"，命令他低头认罪，进行了近
两个小时的批斗会。后来，章士钊给毛主席写信将事情
经过告之。9 月 1 日，收到毛主席的亲笔复信：

> 行严先生：
> 　来信收到，甚为系念。已请总理予以布置，勿
> 念为盼！
>
> 　　　　　　　　　　　　顺祝　健康。

同一天，总理指示 301 医院接受章士钊以及程潜、
傅作义、蔡廷锴、李宗仁等人住院以便进行保护。三个
月后，章士钊从 301 医院回家，因受到毛主席的保护，
可以在家闭门读书写字，整理《柳文指要》的手稿，度
过了一个清静的元旦和春节。

不料，社会上又掀起了一场反击"二月逆流"的浪
潮并出现"打倒刘少奇"的大字报。见此情形，章士钊
深感不安，1967 年 3 月初，他又给毛主席写信，劝他与
刘少奇团结，不要打倒他，国家需要安定，切不可乱。
随后又给刘少奇写信，大意说他不信外面对刘少奇的诬
陷不实之词，但以大局为计，建议少奇同志作检讨。

1971 年 9 月，在毛主席的关怀下，一百多万字的

《柳文指要》由中华书局用文言文繁体字公开出版。其间毛主席亲自审阅，并提出过意见供著者参考。《柳文指要》出版后，使章士钊倍感欣慰。

然而自从 1970 年奚夫人去世后，年迈的章士钊开始感到越发的孤独，渐渐地萌生了去香港看望他的另一位夫人殷德贞女士的念头。后来，毛主席听说了此事，认为应该圆了章老这个心愿，正好也可以在香港见一些台湾的老朋友。大陆与台湾恢复来往，章士钊无疑是促成此事的最佳人选。1973 年 5 月，受毛主席之托，章士钊在 92 岁时乘专机远赴香港，与国民党秘密接触。当专机在香港启德机场落地时，在海内外引起了不小的轰动。

遗憾的是，由于气候不适，章士钊到港即病，卧床不起。1973 年 7 月 1 日，著名民主人士、学者、作家、教育家和政治活动家章士钊病逝于香港，终年 92 岁，再也没能回到他安度晚年的四合院。

7. 章含之与乔冠华的十年风雨

章含之是章士钊的养女。史家胡同也正因她的著作《跨过厚厚的大红门》而声名鹊起。

章含之的身世颇为传奇。她的生母解放前是上海永安公司的售货员，年轻时非常漂亮。因地位悬殊，与她的生父并未正式成婚。章含之出生后，她的生身父母对簿公堂，然而父亲却只愿支付抚养费而不愿负责任，母亲愤怒之下，欲将她送给黄包车夫抚养。最后，身为辩护律师的章士钊收养了这个女婴。

1949 年，章含之随养父母从上海迁居到北京。也是在这年的一次圣诞舞会上，年仅 14 岁的章含之认识了才华横溢的北大才子洪君彦。二人经过了 8 年的爱情长跑，于 1957 年步入了婚姻的殿堂。1960 年，章含之和丈夫一同随养父母搬进了史家胡同。

由于章含之的美丽和优雅气质，从她出门到上汽车这么一个简短的过程都会引来众人欣赏的目光。尤其胡同里的孩子们，看着她那么漂亮，都会站在那儿不动，一直看到她的影子不见了，才舍得走。

1961 年妞妞的出生，曾经让这一家人欣喜若狂。然而到了"文化大革命"那样疯狂的年代里，人的感情也经受着艰难的考验。章含之、洪君彦这对青梅竹马的夫妻，也没能躲过这场浩劫。二人感情破裂，最后办理了离婚手续。

早在 1971 年，还在外语学院当老师的章含之，被毛主席点名调入了外交部，也因此与时任外交部副部长的乔冠华相识。22 岁的年龄差距并没有阻止两人的相知相爱，在随后的艰难岁月里，谱写了一段爱情传奇。

当年，乔冠华是世界外交舞台上的明星，也是新中国外交史上的赫赫功臣。两人的相爱面临着巨大的压力。章含之在书中曾经回忆道，那是 1973 年 5 月，国务院管理局对这座四合院进行大修。章含之暂时搬到前院

史家胡同 51 号俯瞰

传达室安身。那时，她和乔冠华正在恋爱，他们就在堆满家具、杂物的传达室里一杯清茶，促膝长谈。年龄的差距、官职的悬殊，丝毫没有阻碍感情上的完全融合。

然而那时的中国，已经是"山雨欲来风满楼"，外交部已被确定是犯了右倾错误，乔冠华更被点名为"乔老爷的贼船"。

此后的一段时间，乔冠华的处境一直十分困难，章含之和乔冠华的交往为了避免政治上的麻烦，也转入了"半地下"状态。

1973 年 12 月，乔冠华与章含之终成眷属。外交部给他们准备的是位于南长街的一座大四合院，但是，还没等搬过去，由于乔冠华的儿女不同意这桩婚事，把他家里的东西都搬了出去。这么一来，那房子他们没法再住了，乔冠华只好拿着自己的一些衣服跟章含之住到章士钊家里来了。当外交部总务司在 1973 年 12 月 11 日派车把乔冠华在报房胡同的东西搬来时，除了几箱子书籍之外，几乎全部都是公家的东西。家具是每个月付租金从外交部租的，连那几套中山装和大衣都是出国时公费做的。没有彩色电视机，没有任何像样的家用电器！这就是属牛的乔冠华。当年他迁来的那套绿色尼龙绒面的沙发是 20 世纪 60 年代中期缅甸使馆替换下来运回国的。

由此，史家胡同 51 号也见证了两人风雨相伴的 10 年光阴。章含之在书中常常忆起："从初夏到深秋，我们常常在深夜的月下散步。时间久了，冠华统计出，走一圈院子是八十步。在银色的月光下，冠华几乎是与白昼里全然不同的一个人。他没有了好胜雄辩的气势，脸上常常有一丝淡淡的伤感。我常常想，不知道这世上有几个人能真正懂得他的心……然而，又有几个人看到过清澈如水的月光下的乔冠华？他是那样沉静，那样柔和，而且那样的忧伤。这时的乔冠华，只有这深深的四合院与我一起陪伴着他，聆听着他倾吐内心的感叹。"①

---

① 章含之：《跨过那厚厚的大红门》（三）。

史家胡同 51 号室内

1983 年，乔冠华去世后，章含之独自守着这座四合院，直到 2008 年 1 月 26 日，永远地离开。

在胡同居民们的印象里，见章含之是很自然的，章含之跟居民接触一直是和蔼可亲的。过去，居民们在胡同里常能碰到章含之下班回来。那时候她骑一辆女士自行车，穿的确良的上衣，短发，常穿一条黑色的七分绸子裤，她优雅地和邻居们打招呼，然后拍一拍她家的大红门，就有门房值班人把门打开，她轻盈的身影随即消失在门后。

这座院子随着它不断更迭的主人历经了许多跌宕起伏，这座院子也目睹了发生在这里的喜怒哀乐、生离死别，随着院中主人的荣耀与屈辱，经历了车水马龙的繁华富贵和门前冷落的世态炎凉。这座院子已经随着那段历史，留在人们的记忆中。

十三、飞回故乡的怀抱

听胡同里的老裁缝宋大爷说，过去他常为史家胡同老门牌 39 号的冯家大院量制旗袍。那家里可不是一般家庭，至少都是知识分子。

经过翻阅史料才知道，过去这里住着工程师三兄弟，都是大学毕业。老大冯俊涛，任中国航空公司无线电工程师。老二冯俊达，曾留美学习建筑，回国后加入欧美同学会，在平津路局工务处任工程师。老三冯俊棠，在平津路局机务处任工程师。

1948 年，随着时局的变化，时年 31 岁的冯俊涛，不得不随中国航空公司南下。1949 年 11 月 9 日，中国航空公司员工，在香港宣布北飞起义。首批 12 架飞机相继飞离香港启德机场，其中，无线电机械工程师冯俊涛等人随机终于回到了故乡的怀抱。新中国成立后，冯俊涛一直在总参研究所工作。退休后，在北京西山定居，2003 年去世，享年 85 岁。

而今，史家胡同西口路南原来的那片平房已被洋式高楼所代替，建筑形态已经发生了根本变化，但不管怎样，发生在冯家大院的故事将继续流传下去。

十四、从古韵到酒后

史家胡同老门牌甲 54 号，现为 24 号，旧时是干面胡同老门牌 21 号后花园的后门。从干面胡同到史家胡同的跨度很大，而纵观这座院落，从干面胡同进门，必须要经过四重院落，才能到达后面的花园。而后花园的面积几乎占据了整个院落的三分之一。说起干面胡同老门牌 21 号与史家胡同老门牌甲 54 号的故事，则要从晚清时期开始说起。

1. 凌福彭与戊戌变法

干面胡同老门牌 21 号的后门即是史家胡同老门牌甲 54 号，这里的旧主人是凌福彭。凌福彭 1854 年出生于广东番禺的巨富之家，字仲桓，号润台。

据家属说，凌福彭的祖上曾当过海盗。有一次其家人在海上绑架了一个葡萄牙女孩，就娶回来，以后人们叫她黄毛太。那时候在广东民间跟外国人的通商活动较多，因为有了黄毛太，凌家搞进出口贸易就方便多了，所以很快得到了兴旺。黄毛太正是凌福彭的祖母。后来，凌福彭进京赶考，黄毛太给他的枕头里缝进了很

位于干面胡同的凌府大门 ●

多小元宝，祈福他到京后能一帆风顺，如遇不测也可以用这些小元宝接济。

　　1885 年凌福彭考取了拔贡，并成为清朝重臣张之洞的幕僚。1893 年，凌福彭又考取了军机处章京。1895 年，他与同乡康有为一起中了进士。由于凌福彭在京曾任张之洞的幕僚，其间与光绪帝宠臣张荫桓过从甚密，所以在《张荫桓戊戌日记》中经常提到这位"润台"老弟。

　　康有为得以结识张荫桓，缘于光绪二十年凌福彭安排的一次康有为与张荫桓的聚会。张荫桓十分欣赏眼前这位论佛谈禅的南海老乡康有为。后来，经过张荫桓的大力举荐，康有为终于得到光绪皇帝的赏识，上演了戊戌变法这一出大戏。

戊戌变法高潮之时，祖籍广东番禺的礼部尚书许应骙与广东同乡康有为互相奏参，成为死对头。《张荫桓戊戌日记》记载：一次，凌福彭陪同康有为访张荫桓，正当康有为高谈阔论的时候，许应骙不期而至，"规避不及，颇为难堪"。戊戌政变后，凌福彭感叹道：康有为在北京鼓动变法，本应广结善缘，不知为何得罪了同乡中官阶最高的许应骙，种下恶果。谋大事者，不可不计小节也。

2. 劫后余生　执行新政

戊戌政变，凌福彭几乎没有受到牵连。1900 年春，女儿凌叔华出生，继而不久又发生了庚子之乱。凌福彭与梁士诒、关冕钧、陈伯陶等官员携带家眷百余人出京避难，途中差点儿被义和团团民所杀，避居怀柔后，10 月份才回到北京。到京后，凌福彭被补授天津府知府。可这时天津正处于八国联军的控制之下，所以直到1902 年凌福彭才真正到任，开始了直隶地方官的生涯。

凌福彭到任后即执行直隶总督袁世凯主导的新政。他与警政专家赵秉钧密切合作，派出训练有素的巡警队

凌叔华的母亲李若兰

271

伍进驻市内各区域，密集巡查，高效处理治安案件。同时对天津进行人口普查，准确计算出当时天津的城市人口：中国人452550人，外国人3725人，城郊村庄人口384263人，合计836813人，为试办地方自治做好了准备。

凌福彭凭借曾在日本考察的心得，依靠留日学生的协助，做了自治规划方案。先是设立自治局。其次是广泛的舆论宣传。再次，设立自治研究所、自治学社等机构，拟定章程，集合绅士反复讨论，多数同意方才通过。最后，设立选举机构。审查、核实选举人和被选举人资格，公开投票，进行初选、复选，组成理事会，互选议长、副议长。自治实施的顺序是先乡镇自治，逐步达到府、厅、州、县自治。

凌福彭曾两次到日本考察狱政、司法制度，回到天津后确定了监狱改革的方向：培养狱官人才；改良监狱设备；广设习艺所、工厂、教诲室、自新监等，侧重感化教育。1904年天津率先建立罪犯习艺所，让已判决的罪犯在此制造军衣、皮鞋、布料、麻绳等有用之物。这样既能使他们学得一技之长，还能赚到工资，将来出狱后可用以谋生糊口，又部分解决了监狱经费，可谓一举数得。凌福彭此举首创了日后"劳动改造"的先声。

凌福彭按袁世凯的布置，设立了独立的审判厅，以预审官暂时代理检察官职能。审判厅的审案人员全部通过严格的考试选拔，供职审判厅的人员全部给予十分优厚的薪水。通过试验，清廷逐步确立起新的体制，在法律中规定了从中央到地方的大理院、高等审判厅、地方审判厅、乡谳局四级三审制度。

　　1905 年，凌福彭任保定府知府。1907 年授天津道。1908 年任顺天府尹。1910 年年初起，任直隶布政使。由于直隶总督须兼任北洋大臣，负责拱卫京师和对外交涉，处理军政、外交和通商事务，因此总督下面不设巡抚，所以，民政、财政工作的全部担子就落在布政使身上。直隶布政使担任的实际工作，相当于如今的河

民国初年的凌福彭

● 位于干面胡同与史家胡同之间的凌府

史家胡同 乾面胡同
凌家大院
凌叔华 故居.

这里是民初 凌叔华 的故居.
感谢 胡耀华系 提供的大量资料. 还实资
料 详细记载 并介绍了 凌叔华一家的具体情况, 曾于这家
资料的帮助, 我才能画出凌叔华家心故居图.
凌叔华是鲁迅市老的大家. 她白写作, 擅画, 方面都
有晚成. 他是自1947年以后 她曾叔叔居 对停了几十年.
凌叔华 6岁部在家院 墙上涂糊山水 巴展 遇出地居
顺的绘画天才. 青年时代, 五化院甲曾组供 举主持了字画名, 陈师曾等
大师们的笔会, 她鸟陈西滨的相识, 相恋. 创始舍再大地起心, 巴指起始的制作.
1946年以后, 凌叔华 离开祖国-直居住在国外, 但记仍心念
此院. 从《古韵》-书中, 我们可以 看到许多 对古庭五端秀丽的描写,
孩子们在树间中挺追藏, 捉蟋蟀, 看一些陵居的布局, 每个院里发生主人写人之间
的故事. 她与保镖, 孟丁, 老妈子, 侍女 与人佣的孩子, 教师 花匠等下人的关系, 女子的引起.
喜来滨, 对古典音乐多么中国色彩的文化, 人文氛络. 这些描写使我们感到 其他的描写
下, 中国课室的传统 "仁爱"精神 同时体会到她心中对祖国文化的深深思念.
我们中华民族 是左"屠悍"忠仪"的文化中. 蕴育如地长起来的 "仁爱" 是先民留下的古训.
因之 当我入放大的侵略者 战败退去. 大量的日本意残 遗留下季昧. 有着 "仁爱"传统的中国人民
婚地纳都挑长长大.
仁爱之心 曾是我们中华民族的立国之本, 民族之魂. 而自揭地我第三条, 找们苦难的中国遭刻事种
外来 的侵扰. 一度不能自然安展.
今天, 找们的祖国有了配的成展宇间, 可是官僚的贪腐志了 "廉耻" 的古训.
真跋的 贪婪 女去 "善悍" 的传统, 人与人之间的漠视, 白放忘却
找们胡同文化之"神"; 群居动物相互帮助的 本能, 我们工处左退回荒野时代的边缘.
凌叔华 的"古韵" 经找们送来了 中国传统文化的古训, 让 "仁爱"孝悌" 廉耻"左找们心中 重新燃起.

郑希成 2013年7月24日 从首加医院 拟出的记之
7月24日从医院回来意。写完上面的文字 赵回医院。第2天作一小块 治这病 因画而未温吃食物被皇帝割爱道。愿皇帝士得钢。找我成神老病一条医士再找取回203.8.13处

北省省长。

宣统元年，凌福彭来到保定省城，负担起全省工作的重任。在其任内，开办了保定府官立中学堂等一大批新式学校，使直隶的教育水平在整个北方处于领先地位。

辛亥革命，武昌事起，凌福彭采取了严密的防范措施，甚至不惜秘密与保定革命党谈判，终于帮袁世凯守住了京城的"南大门"。

3. 思想开通　惠及女儿

民国政府成立后，凌福彭协助清朝遗老梁鼎芬修建光绪帝崇陵工程，也曾一度出任约法会议员。晚年回广东定居。1930年病逝于广州西关。

凌福彭一生，思想开通，与辜鸿铭等人早在张之洞幕府的时候就交情甚好，辞官之后往来更密。他的宝贝女儿凌叔华自小拜辜鸿铭为师学习英文。凌福彭还利用其关系将女儿凌叔华引荐给宫廷御用画师缪素筠，让女儿学习绘画，日后，凌叔华凭借良好的童子功而名扬文坛，画作也深受欢迎。

凌福彭家的后花园是女儿凌叔华最喜欢的地方，这里不仅有敞亮的花厅，还有各种丰富的植物。尽管如此，可她更喜欢西边邻居花园里紧邻自家花园栅栏的毛竹，她请自家的花匠找邻居讨要，没承想遭到了拒绝，聪明的花匠回来后在紧靠邻居的花园栅栏旁松土施肥，

摄于凌福彭保定府官邸花园假山，
右一为凌叔华，右二为凌叔浩

第二年，邻居家的毛竹竟然蹿长到了凌家的花园里。辜
鸿铭得知此事后夸奖花匠说：你是当总理的料，你如果
当了总理一定会把国外的优秀人才引到我们国家来。这
件事被当时幼小的凌叔华默默地记在了心里。

　　1921 年，凌叔华考入燕京大学，先学习自然科学，
后学习英语、日语。1924 年春，泰戈尔应邀到北京访
问，北大指派接待诗人的是徐志摩和陈西滢。当时，陈
师曾、齐白石组织的北京画会要在凌叔华家的大书房开

《古韵》第七章自画插图

笔会，凌叔华因为认识陪同泰戈尔访华的一位画家，便邀请他赴会。没想到徐志摩、陈西滢陪同泰戈尔也一起来了。凌叔华问泰戈尔："今天是画会，敢问您也会画画吗？"泰戈尔便即兴在凌叔华准备好的檀香木片上画了莲叶和佛像。泰戈尔对凌叔华说，要成为大诗人、大作家、大画家，书可以少读，却要"多逛山水，到自然里去找真、找善、找美，找人生的意义、找宇宙的秘

燕京女校合影 ●

密。不单单黑字白纸才是书，生活就是书，人情就是
书，自然就是书"。

由于在画会上结识了徐志摩、陈西滢，后来这二
位竟成了凌府的常客，并时常带朋友来高谈阔论。比
起后来三十年代有名的林徽因的"太太的客厅"，这处
"小姐家的大书房"的沙龙，时间早了近乎十年。凌叔
华也与徐志摩、陈西滢成了好朋友。她背着守旧的父

陈西滢与凌叔华摄于新婚后

亲，与陈西滢密恋了两年多，直到 1926 年，二位恋人央求一位长辈出面，凌福彭才同意女儿与陈西滢的婚事。1927 年，凌叔华与陈西滢结婚。

凌福彭的女婿陈西滢，原名陈源，字通伯，祖籍江苏无锡。中学毕业后被国民党大佬吴稚晖带到英国读书，1922 年从英国获博士学位回国，任北京大学教授。凌叔华与陈西滢结婚后，凌福彭将自己家的后花园的一半，作为陪嫁让女儿、女婿居住。

4. 凌家杂记

陈西滢曾在《现代评论》"闲话"的专栏中与鲁迅因"女师大风潮"和"三一八"惨案而起的笔战长达两

年之久。后来，陈西滢以受过英国正统教育的绅士风
度，主动退出了笔战。1929 年陈西滢到武汉大学任教
授兼文学院院长，凌淑华也随夫前往。那段时间，女儿
陈小滢出生。

　　凌叔华后来陆续出版了小说集《花之寺》、《女人》、
《小哥儿俩》，散文集《爱山庐梦影》，以及英文版自传

左起：胡适、林语堂、凌叔华、陈西滢、丁西林、
郁达夫、周作人等在中央公园合影

体小说《古韵》。

凌福彭去世后，凌家的几房夫人并不十分友善，后代也时常发生矛盾，对房产也进行了分割，好在凌叔华与陈西滢早已将这处宅院的大门开在了史家胡同。

在女儿陈小滢的印象里，母亲凌叔华在育儿方面是一个粗心且很教条的人。小的时候，由于天气炎热，凌叔华就在女儿身上围了一块薄布，然而别薄布的别针

创作中的凌叔华（1936 年，摄于北平）

却别到了女儿背后的肉里，以至于女儿不停地哭喊，使陈小滢背后落下了永久的伤疤。

一天，外祖母带着陈小滢走在街上，外祖母给陈小滢嘴里含了一块糖，被母亲发现，不知出于安全考虑还是未到吃东西的时间，愣是被母亲从嘴里抠了出来，搞得女儿大哭一场。

抗战时期，凌叔华一家人随国民党政府撤至四川大后方。在此期间，凌叔华又带女儿陈小滢回到北京居住过两年，同时这座院里也有日本人借住。

1939 年 10 月 19 日，凌家位于干面胡同 21 号的房产被日伪华北交通公司强购。日本投降后，1945 年 11 月 15 日，凌叔华同父异母的姐姐凌瑞芝向北平市地政局呈请收回被日本人强占的干面胡同 21 号院房产，但无果而终。而后，租住在凌叔华那座宅院的日本人也被遣返回国。

5. 定居国外　植根史家

1943 年，陈西滢曾被国民党政府派往英国伦敦中英文化协会工作，不久后回国。1946 年 2 月，凌叔华一家人从四川迁回北京，不久，陈西滢又被国民党政府任命为中国出席联合国教科文组织首任常驻代表。由于当时联合国教科文组织位于巴黎，而凌叔华又不会法语，住在巴黎有诸多不便，1946 年 6 月，凌叔华与家眷随夫定居伦敦。史家胡同的那所大宅院，凌叔华交

任命令
派陳源為中華民國出
席聯合國教育科學及
文化組織第九屆大會
代表此令

蘭字第6352號

中華民國

總　統　蔣中正

行政院院長　翁鴻鈞

外交部部長　葉公超

六日

監印沈開運
校對姚軼發

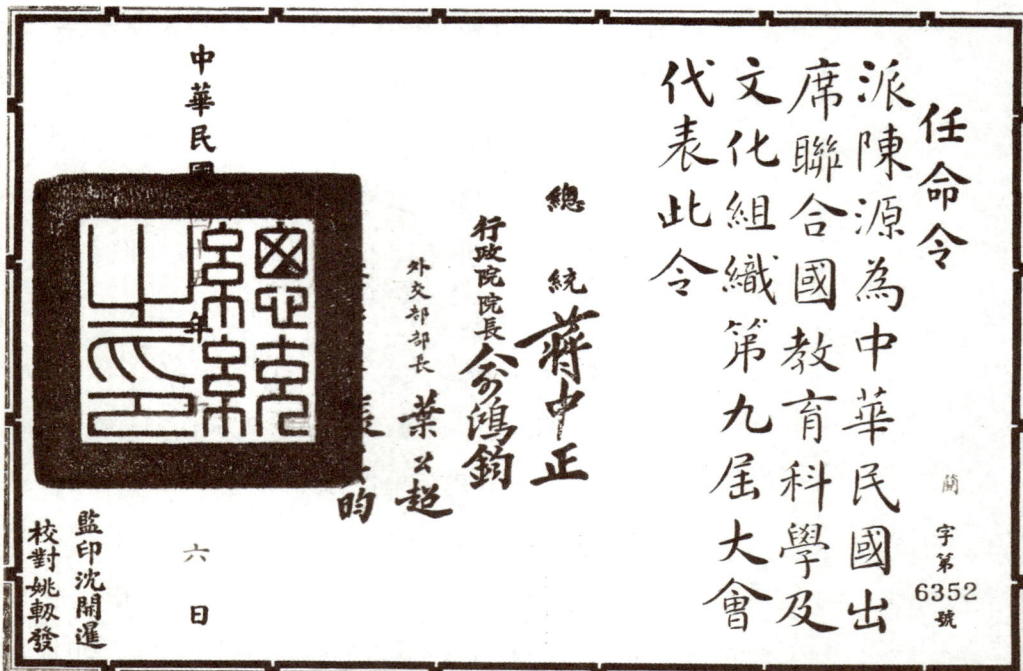

陈西滢的任命状

给了时任东北大学外国文学系教授的常奉之先生代为照看。

由于大学教授大多属于聘任制，况且东北大学自"九一八"以后一直处于迁徙状态，为了节约支出，1948年2月10日，常奉之一家人从南面的江擦胡同32号迁到这里。而后来凌叔华又为把这座宅院租出去换取经费，而一直寻找承租者。

1949年1月3日午时，好友沈从文陪同燕京大学教授、英国人燕卜荪夫妇来看房。而此时的沈从文正

20世纪50年代陈西滢、凌叔华夫妇摄于法国南部

对北平被围困的时局忧心忡忡，他在给凌叔华的信中写道：

叔华：三十八年一月三日

　　得十二月三号信，正值年末，已传转金甫、孟实二先生看过，都因为情形不许可享受个单独的家，所以房子不拟去住。还是住学校宿舍，与二百万市民同分明日辛苦艰难，沉沉默默接受一个不可知的未来比较自然！情形虽严重，但大家还沉

凌叔华

得住气，来接受本身一分。因只要稍稍想一想全中国万千人的遭遇，和直接在炮火下兵士、平民的牺牲，我们对于任何不幸，都无话可说了。

闰之琳已乘十七号船返国，本月十七可抵港，如可能，还会飞平来看看熟人，与熟人一道度难民生活。计数一下日子，也可能半月后居然会看到他，借此可知道些国外熟人生活。多有个人在此共患难，大家自然心也温暖得多！

关于房子事，大家既住不了。因商燕卜荪教授夫妇，今天午时，陪同往看一下，曾与常先生见过面。在你十多年前待客的厅子中。看见由蓝变灰长窗帘，旧旧地、静静地下垂。沙发上了套子。从窗口看院中，阳光下有残雪夺目。花坛有花木处均用稻草包好。又到西屋（日本式炕那间）看看，满屋阳光。第二间常先生栽的盆景，绿葱葱的，他的孩子正在拉小提琴。又从小侧屋望望北边那间日本式小房，一些玩具还整整齐齐搁在窗边。又到院中走走，柳树虽未发青，但枝条在阳光下摇摇曳曳，像是当真不久春天会来。

回到厅子里时，我告他们"这里曾经保留过许多朋友的快乐记忆。西林、志摩、老金、乔治叶，小姐或先生，主人和客人，都在这个厅子凸出处长条椅上坐过，吃喝过，笑闹过，还有辞世十八年的诗人仿佛尚笑语可闻！"和当前静沉沉冷清清空气对照，和当前大家处境、心情，以及明日不可知命运对照，自然更令人感慨特深。

因为即从三小姐来到这个地方看你们，也有十六年了。若带孩子们来，向他们说这里过去，已不甚懂得。再过十六年，倘若这房子小主人小滢回来，在这里接待朋友时，要他们想一想过去是什么情景，自然更办不到！这就是历史！生命长流，新陈代谢，哀乐永远不相通。即这个信他们也不大会理解的！

看过房子，燕卜荪教授回来时说的意思，特转达如后：

一、这房子他们想住，每月可出五磅到七磅，款即直接由英拨付。对你们也省事。（这里另外许多大房，请外人住不花钱，也无人去住。）

二、得全住，不想另外还有别人。现彼夫妇外有二小孩，三个佣人。如能全住，你东西不用的，和那些大书箱子，都可归纳于一个空房子保管。（照情形看，任何情形下，负责管理北平的当局，对外籍寄寓客人，自不会扰动。房子受保护无问题。）

三、"要全住才住"。这话已和常先生道及，同以为应商你决定。常夫妇说，只要你以为可以，他们可迁西城亲戚住。

我不知你搁下的东西，有无特别贵重物事。如只是家用东西，不怎么特别珍贵，或如此办无妨。如有甚多重要东西，那自然由常先生家照料，比二外国主人三中国佣人情形妥当些。但事实是都只能顾及一面，你得决定，盼即早回信。信或写给常先生与燕卜荪教授比较直接敏捷。因为一来一往，信件即得半月以上，照趋势看，有些事都算不到的！所以这房子如何处理，你得即早决定，免担搁误事。

因为房子目下空着，不住兵，是另有原因，不能长久如此。万一此后占房用，绕屋大树似乎就不容易完完整整保留了。（房子前后有些树，好看得多，是要二十年方长成的。有些问题或比树还重要些。）

到目下为止，熟人都还平安无恙，值得转告周翰、佐良、家骝、马耳、汝康，以及其他朋友。至于此后日子中，有多少人碎心，毁身，可无从预言。

这些事，似都宜用一种哲学家眼光来看，不必难受悲痛，因为全个国家在苦难中，听血与火作成的传染病各处延展，无数作父母妻子的，无不用一双温莹莹的眼睛盼望着和平。

和平什么时候能由人民盼望中来，还是由别的方面送来，都若一半在人，一半由天，——由一个近于不可知在主宰！在国内，四万万人都为明日遑遑忡忡，无从为自己有所安排，即安排，也会由于一颗小小钉头脱出，即将机器毁废！

盼望诸友好为这里少数熟人放心，为国内多数生活不同而情绪尚相通的人关关心。国家太需要和平了！目下每个熟人都像是活在两种风雨中，一是由外面而来的风雨，一是由内心而生的风雨；本身都似乎不大挡得住。可是一看看孩子们在寒风里玩的如何兴奋快乐，忘我无心，会觉得孩子对于生命的处理，若有上帝意思存在，赤子与醉人，火与血作成的大旋风，对他们实无意义。如能学学他们，许多事会明朗得多！

诸友人均此。

弟　从文

徐悲鸿

然而北平的和平解放让大家松了一口气，沈从文当初的担心也化为泡影。

6.漂泊异乡的生活

1950 年 11 月，徐悲鸿曾致信老友陈西滢，希望他能"识时务者为俊杰"，早日回国。信中内容摘录如下：

通伯老友惠鉴：

解放以来，不通音问已及一年。弟因曾无违反人民之迹，得留职至今。去年曾被派参加保卫世界和平大会，原想得晤足下及在欧友好，未能进入巴黎，在捷京会后即归，不及两月。去年曾由郑子展由香港还钱款一百二十余镑，战前借弟者定可于兄处想早收得。……

　　兄等须早计，留外终非久法。弟素不喜政治，惟觉此时之政治，事事为人民着想，与以前及各民主国不同。一切问题尽量协商，至人人同意为止。故开会时决无争执，营私舞弊之事绝迹。弟想今后五年必能使中国改观，入富强康乐之途。兄等倘不早计，尔时必惆怅无已……

1964 年 1 月 27 日，中法实现建交，台湾当局的"大使"黯然返台。台湾当局仍电令陈西滢以"联合国

1953 年，陈西滢、凌叔华与女儿
陈小滢摄于伦敦植物园

中国代表"的名义驻馆看守。1966年3月12日，法国政府以拖延太久为由，要求台湾当局交出"使馆"，并要求陈西滢迁出，最终，陈西滢竟被军警强行架出，以致血压升高，引发心脏衰弱，当场晕厥。此后，陈西滢"引咎辞职"，长住伦敦养病。如此境况，有人劝陈西滢返回台湾，但他对国民党并不看好，犹豫不定，当时，中国大陆已处在"文化大革命"时期，陈西滢自然也不可能有"非分之想"。

1969年12月18日，陈西滢在给学生吴鲁芹的信中说："年关已经到了，我们还是在伦敦没有动，并不是我们决定不去台北，而是我们没有决定是否去台湾还是留伦敦。走或不走，须有决心，老是决不下心来。"翌年，陈西滢一病不起。1970年3月29日，与世长辞。

凌淑华离开祖国后，曾在巴黎、伦敦、波士顿、新加坡举办个人画展。她的画曾得到梁启超、陈三立、胡适、朱光潜、丰子恺等文化才俊的大加赞誉，有人评论凌淑华的画："力求从淡雅上把捉气韵，不设色，不蕴染，从清淡高雅上下功夫，似乎透着作者的才情与人品。"

陈西滢去世后，凌淑华不顾住在爱丁堡的女儿陈小滢的邀请，坚持一个人住在伦敦，保持独立生活。其实，凌淑华在伦敦的房子很大，有好几层楼，可她把楼上的房子都租了出去，自己却住在半地下的屋子里。当

凌叔华在作画

有人去看望她时，总觉得在黑悠悠的半地下室里住着一位经济上并不紧张的老太太，令人不解。

7. 院落的后事

新中国成立后，凌淑华与陈西滢在北京的家发生了很大变化。这处院子的东边被分割出去了一部分，用以安排原来在这里为凌叔华家看管院落的常奉之一家。在 1965 年新门牌的编号中被分割出去的小院儿，列为胡同中的 22 号。

常奉之先生的三个儿子和一个女儿也很有才，儿子们曾一起攒出来过一辆汽车，成为这条胡同最早有私家车的人。女儿因为有音乐天赋，其周围也聚集了一些音乐爱好者，常来切磋音乐。后来，民国时期的第一任北平特别市市长何其巩先生的女儿何嗣琼，于 1964 年嫁给了常奉之先生的儿子常定一，并一直在被分割出去的小院儿里生活。常奉之先生于"文化大革命"中去世。1994 年，由于史家胡同 22 号院的生活环境恶化，常定一与何嗣琼带着对 22 号院的不解，无奈地离开了那里。

凌叔华与陈西滢曾居住的这座院落，除了被分割出去的那部分，在 1965 年的新编门牌号中被列为胡同中的 24 号，而这座院落后来曾长期被用于史家胡同的幼儿园。

8. 落叶归根

中国实行改革开放以后，祖国的发展变化一直都牵动着凌叔华的心，她曾五次回国，遍访名山大川，用英文写了许多介绍祖国风土人情和文化艺术的作品。1984 年，她在中国驻英大使馆举行的晚会上，与老友萧乾重逢。她对萧乾说："我生在北京，尽管在西方已经三十多年，我的心还留在中国。"

1989 年年底，凌叔华也许是感到来日不多，她下决心在最后的日子里回到北京。她最忘不了的，还是她在史家胡同的家。

1990 年 5 月，凌叔华在弥留之际，被女儿、外孙用担架抬到她出生的地方，此时，她的家已经被改作史

1990 年 5 月 18 日，临终前的凌叔华躺在担架上，与女儿和外孙回到史家胡同的家

家胡同幼儿园。孩子们捧着鲜花，唱着歌，欢迎这位陌生的老人。凌叔华望着自己家的老宅和身边的这些孩子，仿佛浮现出了自己童年时的影子。她低声说道："妈妈叫我回家吃饭。"

凌叔华逝世后，她中学的同窗邓颖超托秘书送来了一束鲜艳的玫瑰。英国驻华大使和香港总督送来了两个花篮。冰心托女儿、女婿送上一篮洁白的菊花和玫瑰。沈从文的夫人张兆和送上了一小篮精致的鲜花，来得无声，走得悄然。萧乾称："叔华的死，对中国文坛，对中英文化交流都是很大的损失。"凌叔华与陈西滢的墓地，最终选择了陈西滢的老家无锡，经过漫漫回家路，他们终于回到了魂牵梦绕的祖国。

而今，史家胡同 24 号院已由英国王储基金会出资修整完毕，院子既带有凌福彭时期的古韵，又诱发出凌淑华酒后初醒的生机与妩媚。

十五、胡同里走出的公安局局长

现在的史家胡同 14 号对于史家胡同的居民们来说是一座极普通的院落。1972 年，公安干部苏仲祥与妻子程香英由组织安排从门头沟迁住到这里。

苏仲祥，1931 年 9 月 13 日出生，辽宁辽阳人。1954 年加入中国共产党。住在史家胡同时是北京市公安局东城分局的干部。妻子在市公安局工作。后来，苏仲祥在这里居住期间当上了市局东城分局的局长。

另外，胡同里的 22 号还住着一位和平里派出所的所长王征，因为与苏仲祥同住一条胡同，所以汇报工作也比较方便，苏仲祥也喜欢倾听基层派出所的声音。有时二人在胡同里碰上了就聊几句。有一年冬天，二人在公共厕所里碰面了，又都是大便，就坑挨坑的蹲着谈工作。外面天气寒冷，厕所里却聊得火热，这"臭味儿相

史家胡同 14 号门口 ●

投"的聊天，至今仍是王征津津乐道的谈资。

再后来，苏仲祥升任北京市公安局副局长、局长，北京市武警总队第一政委，北京市副市长兼市委政法委副书记，就搬到了离史家胡同西口不远的灯市口市公安局宿舍。

1992 年 9 月，苏仲祥被授予副总警监警衔，并成为中共十三大代表。这位对北京的公安事业作出过卓越贡献的老局长于 2000 年 12 月 3 日逝世。史家胡同不会忘记这位北京的公安干警，他是从这里走出去的，他是这里的骄傲。

第 **6** 章
当代新篇

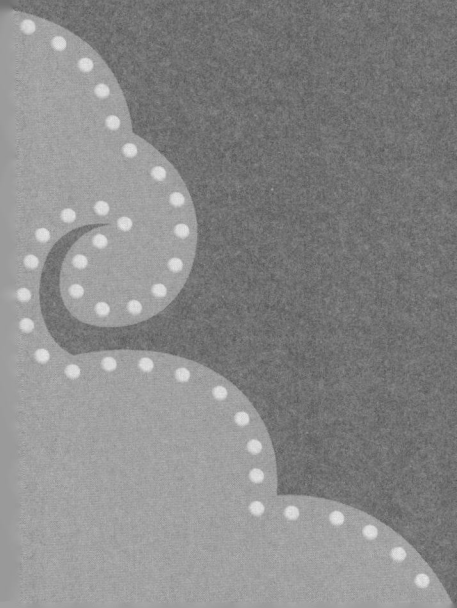

一、好园传奇

现在史家胡同 53 号院的门前已经竖起了北京市文物保护单位的牌子。这座院是坐北朝南的三进四合院，现存建筑，两扇铁门居中，东侧有厢房三间，西侧厢房两间。一进院正房三间，硬山顶合瓦过垄脊屋面，两侧耳房各两间。二进院落为过渡庭院，院内种植花木。三进院有正房三间，两侧各带耳房二间，东西厢房各三间，南房三间左右各带耳房一间，各房均带前廊，硬山顶筒瓦过垄脊屋面，室内花砖铺地。在 1965 年以前这里的老门牌为 25 号。

1. 院落的前身

抗战胜利后，1947 年年初，家住内务部街甲 36 号的李煜铬先生向行政院河北平津区敌伪产业处理局呈请发还在日伪时期被日本人强占的史家胡同 25 号房产。

史家胡同 53 号院内

　　经过行政院河北平津区敌伪产业处理局的调查，李煜镕于 1947 年 8 月得到通知，要求其带着中央银行现金的回单速来河北平津区敌伪产业处理局办理手续。其通知的具体内容为："案查前据该民呈请发还北平内一区史家胡同 25 号房产一案，业经准予发还。关于日人增建价款，并于三十六年三月二十二日通知经向本局中央银行专户先缴取具送金回单来局办理留置手续各在案。兹查该民应缴增建价款是否照交，迄未据将送金回单送局办理，日人增建部分留置手续殊有未合，仰即

史家胡同 53 号院内建筑

持前领到中央银行送金回单速来天津第一区张自忠路三十九号本局第三组第三科办理留置手续为要，特此通知。"也就是说，官方准予发还给李煜镕史家胡同 25 号的房产，但是对于日本人在院内增建的建筑要求李煜镕得交钱，才能办手续。

由于在后来的史料中未见到有关李煜镕收回史家胡同 25 号房产的任何信息，我们可以合理猜测要么由于日本人在院内增建的建筑太多李煜镕无法负担官方所要的"送金"而放弃，要么就是李煜镕将其房产转卖给了他人。

2. 搬入史家胡同 再赴辽沈前线

1948 年 8 月 29 日，这里迁来了一位派头儿不小的神秘人物。这个人搬来以后，几乎没怎么见过他的人影，而后就在人间蒸发了。这个人就是辽沈战役中大名鼎鼎的范汉杰。

范汉杰，1894 年生于广东大埔县，1924 年进入黄埔军校，成为第一期毕业生。参加过第一、第二次讨伐陈炯明的东征。北伐期间，参加过大败军阀吴佩孚的战役和讨伐孙传芳的战役。北伐后出国留学，曾到日本、德国考察，研究欧美和日本的政治、军事。回国后，任国民党军事委员会高级参谋。"九一八事变"后，任十九路军参谋长。1933 年，李济深与十九路军军长蔡廷锴在福建成立福建省人民政府，他任参谋长，后转任国民党军委会中将高参。抗日战争时期，任二十七军军长，率部在山西太行抗击日军达 4 年之久。1941 年升为三十八集团军总司令。后调任第一战区副司令长官兼参谋长，国防部参谋次长、国防部陆军副司令、第一兵团司令兼热河省主席、国民党军装甲兵团司令。

1948 年年初，东北战局如箭上弦，范汉杰成为蒋介石发动内战的急先锋。为了保密起见，范汉杰由东四十条 44 号悄悄迁到史家胡同 25 号这座豪华的宅院中，算是对自己的一种精神慰藉。但是范汉杰没能享受几天这

范汉杰

里的舒适生活，9 月份就被蒋介石任命为东北"剿总"副总司令兼锦州指挥所主任。领导 1 个兵团、4 个军、14 个师约 15 万人防守锦州，担负着保护东北国民党军咽喉的重任。可以想象这时对于刚刚住进史家胡同的范汉杰有多么难熬，但军命难违，范汉杰只能披挂上阵。

　　1948 年 9 月，遵照毛主席的指示，林彪、罗荣桓、刘亚楼调集东北野战军主力共 11 个纵队发起锦州战役。被国民党军界誉为文武全才的范汉杰将军，急电蒋介石、卫立煌派兵支援。蒋见局势严重，亲飞沈阳督战，还专门派了一架直升飞机往锦州空投一封信给范汉杰，询问他是否能将军队撤至锦西以利突围。范汉杰复电蒋介石表示坚守锦州，他认为如果能在锦州吸引住解放军主力，则可以从关内和沈阳抽调两个兵团分南北夹击解

锦州战役

围，进而可以与解放军决一死战。

10月初，解放军各路纵队将锦州城死死围住，并用大炮不分昼夜轮番轰炸。范汉杰见大势已去，于10月14日黄昏，乘着夜色，携几名高级将领逃往城外。翌日，在离锦州二十多里的一条小路上被解放军俘获。

范汉杰被俘后，被关押改造12年。1960年获特赦，在北京郊区园艺队劳动。1962年任全国政协文史资料研究委员会委员，曾撰写了《锦州战役回忆》等文章。1964年任第四届全国政协常委。1976年1月16日病逝于北京，终年82岁。后来，他在海外的子女回到北京，将放在八宝山的骨灰取出一半，带往台湾安葬。

3. 新中国成立后新来的主人

新中国成立后，史家胡同 25 号被全国妇女联合会接管。帅孟奇、邓颖超、康克清等全国妇联的领导同志曾在此办公。时任全国妇联国际联络部副部长的廖梦醒不但在此办公，而且还把家搬到了这里。

廖梦醒是廖仲恺、何香凝的女儿，1904 年出生于香港。她早年追随孙中山参加革命。1924 年加入中国国民党。1925 年考入广州岭南大学。1928 年留学法国，1930 年回国。1931 年加入中国共产党。1933 年在"中国工人通讯社"任英文翻译。抗战期间，任宋庆龄在香港发动成立的"保卫中国同盟"秘书、办公厅主任，协助宋庆龄向海外华侨募集款物支援八路军、新四军抗战。她好学多才，善书法，精通日、英、法语，既是革命家、社会活动家又是翻译家。1949 年年初，廖梦醒参加了全国妇女联合会的组建工作，以后长期担任全国妇联的重要职务。

那时候，廖梦醒住在院后面的一排平房里。一天，有人问："廖大姐，你怎么也不到你妈妈那儿，看看你妈妈去啊？"她说："她儿子去时会叫我，我去了还要做菜给她吃，并陪她打麻将，我不去。"这时候大家才知道，噢！外面正在破四旧，可这个何老太太还经常在家打麻将呢。看来她真是很特殊啊！

4. 秘密而短暂的使馆驻地

史家胡同老门牌 25 号，新中国成立后，被全国妇女联合会接管，但后来还曾经秘密而短暂地成为过越南驻华使馆却鲜为人知。

1950 年 1 月 14 日，胡志明发表声明，表示越南民主共和国随时准备同任何愿意在平等和互相尊重独立与领土完整的基础上与越南进行合作的国家建立外交关系。1 月 18 日，成立不到半年的中华人民共和国与越南民主共和国正式建立了外交关系，成为第一个同越南建交的国家。为此，越南把 1 月 18 日作为"外交胜利日"。胡志明委派黄文欢为越南驻中国代表。

黄文欢早年追随胡志明投身革命，能讲一口流利的中文，并写一手漂亮的毛笔字，但其从未接触过外交工作。当时新中国正为第一批驻外大使举办培训班，经周恩来同意，黄文欢也参加了这个培训班，公开身份是归国华侨，化名"老蔡"。其真实身份只有时任外交部副部长的李克农知道。

中方为黄文欢开展工作提供了一切便利条件，在史家胡同 25 号为越南提供了一处大使馆馆舍。除安排黄文欢住在东交民巷六国饭店外，还安排他向毛泽东主席递交了越南共产党中央的委任书。

5. 曾是中央领导的住地

20 世纪 70 年代初期，时任国务院副总理的华国锋曾居住在史家胡同 53 号院。

1980 年 5 月，时任中共中央统战部顾问、全国政协副主席的李维汉一家迁入这里。李维汉又名罗迈，是我党杰出的无产阶级革命家，湖南长沙人，与毛泽东、蔡和森是校友。1919 年他赴法国留学，参与了中国共产党欧洲支部的筹建工作，成为中国共产党最早的党员之一。八七会议后，李维汉同志成为中共中央的主要领导人之一。1937 年，任中共陕甘省委书记。1942 年 9 月到 1946 年 4 月，任中共西北局委员、陕甘宁边区政府秘书长。1949 年 4 月，任中共代表团代表，参与同中国国民党和平谈判代表团的谈判。

新中国成立后，李维汉同志担任中共中央统战部部长，曾作为中央人民政府首席全权代表同西藏地方政府全权代表进行谈判，达成了《关于和平解放西藏办法的协议》，促成了西藏的和平解放。他还先后担任中国人民政治协商会议全国委员会秘书长，中央民族事务委员会主任委员，一届、二届全国人大常委会副委员长，二届、三届全国政协副主席，中共第八届中央委员。

1982 年，中共第十二届全国代表大会上，李维汉同志被选为中央顾问委员会副主任。1984 年 8 月 11 日在北京逝世。

6. 好园新篇

1984 年以后，史家胡同 53 号院成为好园宾馆，宾

好圆门前

馆门楼上"好园"的牌匾还是请邓颖超同志题写的，寓意为"女子园"。

这里成为宾馆不久，也许是为了吸引游客，增添这处院落的传奇色彩，曾经在门口挂出过"李莲英外宅"的小牌，经考证，实属无稽之谈。

随着城市的变迁，这处保存完好的四合院宾馆更显尊贵。1998年，前港督卫奕信曾在此小憩。1999年，英国首相布莱尔的夫人曾在此举办酒会。

二、瓦解一座院落　兴起两家单位

胡同里的老居民跟我说，这条胡同在 1955 年以前，基本上都是北京传统的四合院建筑，偶尔看到的小洋楼也是与胡同里的传统建筑很协调，"大跃进"以后胡同逐渐出现了与北京传统建筑不协调的楼房，且基本上是驻街单位建造的。为了一探究竟，笔者翻阅史料并结合老居民的讲述，还原了一处建筑形态的变化过程。

1. 一家涉外宾馆的前世今身

曾住史家胡同妇联宿舍的老居民陈列告诉我，在"文化大革命"的时候，他曾爬到老门牌 53 号的院墙头儿上观看了一场批斗大会。被批斗的正是这座院落的女主人名叫周维。只见周维被剃阴阳头，先是受到大家指责和谩骂，后来遭到殴打，肯定是凶多吉少。

老门牌 53 号位于史家胡同中部路南，现在已成为一家涉外宾馆。很难想象这里过去曾是一座大宅院。翻开 1949 年的户口调查表，发现了刚刚购买了 53 号和 54 号房产的刘福成。刘福成，籍贯天津，1881 年 8 月 30 日出生，大学毕业。民国元年曾任外交部秘书，后来从业于交通部邮政司。民国期间任巴黎中法银行董

史家胡同内的速 8 酒店

事，兼上海中法银行总经理。他的妻子周维 1902 年 2
月 2 日出生，是江苏无锡人，上海大同大学理科毕业，
信奉天主教。周维曾在青岛某小学做过教员，也曾在上
海某医院做过化验员。1950 年 11 月 20 日随夫进京。

　　1950 年 4 月 25 日，刘福成为隐瞒自己的身世，改
名为刘符成。……

2. 胡同中的妇女出版社

1954年老门牌54号被划归全国妇联。同年9月，在全国妇联的要求下，北京市文物调查组对老门牌54号进行了勘察，作出了关于拆除院内假山问题的通知、清单。将这座院内的假山移至宝珠子胡同7号作为其他用途，为全国妇联在院内建筑房屋铺平了道路。

在史家胡同挂着带有"妇女"字样的单位牌匾不

史家胡同内的中国妇女出版社

下三四处。新中国成立初，全国妇女联合会就曾设在这条胡同。而今，中国妇女出版社坐落在史家胡同路南的甲 24 号。

这家出版社过去有一位社长叫董边，是毛主席秘书田家英的夫人。"文化大革命"初期，田家英在中南海自杀身亡，董边也受到了株连，后来离开了这里。

中国妇女出版社成立之初就制定了明确的任务，就是向社会和世界介绍中国妇女运动和成就，展现中国妇女风采，并帮助中国妇女了解社会和世界，丰富她们的精神世界，提高她们的文化素养。

也许由于这条胡同跟"妇女"字样的单位结缘，这条胡同的妇女们似乎也更受人尊重，胡同里经常有穿着时尚的中外女士出入，在绿色的映衬下呈现出犹如"漫卷西风，人比黄花瘦"的婀娜画卷。

三、新、老人艺的传奇演绎

史家胡同 20 号院的老门牌是 56 号，这座大院儿至少有五六千平方米的面积，纵贯于史家胡同和干面胡同之间，新中国成立后这里成为赫赫有名的北京人艺宿舍大院。

1. 描绘人艺大院

这座院落从整体格局看不是传统四合院的概念，

而是院落里面套着若干小四合院。过去，进入 56 号大门右边是东西向的五间大北房，靠左边有三间较小的平房。五间大北房前面是一条东西走向的狭窄的甬道，甬道的南侧又是七间北房，与这七间北房对称的还是七间倒座儿南房，北房与南房之间是宽敞的庭院，院中有一棵主干挺拔枝叶茂密的核桃树和一棵芙蓉树，两丛黄刺梅，每当春夏之际，花开满枝，飘香四溢。从这座庭院的东侧穿过屏门是一座带走廊的东跨院，院里有建在基座上的北房和南房各三间，室内方砖墁地，玻璃门窗透光明亮。穿过这处院子再向南走至少还有两三重院落。在这些院落里种着梨树、桃树、海棠树、桑树、核桃树，还有杨树、柳树、松树，甚至有棵 300 年以上的老榆树，枝繁叶茂绿色葱葱。尤其是大门西侧，是一处有 22 间房独立的院落，因里面种有几棵硕大的海棠树，一到开花的季节，整个院落美丽如画，于是这里成为人们津津乐道的"海棠院"。

所谓"海棠院"，那时候就靠近前面的第二道院子。它是一个四四方方，有三间北房，三间南房，三间东房、西房。而院子里头有四棵大海棠树，春天花香四溢，很漂亮，很干净，而且有走廊通着。

2. 对大院前世的考据

据考证，史家胡同老门牌 56 号分为前后两部分，前一部分原来大门开在干面胡同，属于干面胡同老门牌 20 号的于景陶家，于景陶 1935 年 12 月购得此房产。日伪时期，于景陶将部分院落租给了德商禅臣洋行。日本投降后，由于于景陶在日伪时期曾出任中华航空公司理事，成为军事委员会北平行营别动队拘捕的对象，因其外出未被捕获，但德商禅臣洋行被国民党政府所控制。

后来，国民党东北敌伪产业处理局的局长洪钫、国民党松江省参议田安国分别租住在于家，可想而知于家的院落之大。而于家院落的后半部则是史家胡同 56 号，解放前的房产属于内务部街 39 号的张瑞武。当时这里租住着协和医院的医护人员、加拿大传教士等人。据说，1949 年北平解放时，这里已是一所无人居住的空房，当年华北人民文工团入城，有部分同志进驻此院，成为后来人艺的最初迁入者。

3. 老人艺

如果跟史家胡同人艺宿舍的人聊天，他们会告诉你，过去有"新人艺"和"老人艺"之分。所谓"老人艺"是指 1950 年 1 月 1 日，经政府批准成立的北京人民艺术剧院。院长是曾在苏联学舞蹈、归国后参加过长征的李伯钊，副院长是参加过延安文艺整风运动的欧阳山尊和金紫光。

"老人艺"是由文工团编制扩大的，扩大后成为包括歌剧、话剧、舞蹈、管弦乐等综合性的文艺团体。当时院部设在西堂子胡同 1 号，史家胡同 56 号辟为演员的集体宿舍。从那儿以后，这个院里就特别热闹了。每天早晨起来要打腰鼓，练声乐，练朗诵，这些文艺工作者就跟史家胡同的文化相融合在一起了。住在这儿的话剧演员，除叶子、沈默等几位资深的老演员外，大多数都属于艺龄较短的年轻同志，如于是之当年只有 22 岁，新招的话剧演员英若诚和吴世良这对年轻恋人，刚从清华大学毕业。他们虽然文化程度高，但在话剧领域也只是业余爱好，当时人艺新招的青年学生大多和他们情况差不多，没有多少专业功底。"老人艺"话剧队，只有队长叶子是老演员，她是戏剧家熊佛西的夫人。

4. 开山之作

1950 年，市长彭真给人艺布置任务，要拿出一部以"城市建设为市民"为主题的话剧。当时老舍刚刚接受周总理的邀请，从美国回来不久，他怀着对新中国老北京的深情，以精妙的手笔为当时的"老人艺"写出了思想性与艺术性高度结合的三幕六场话剧剧本《龙须沟》。这部戏开启了老舍和人艺长达十六年的合作。《龙须沟》中，老舍生动、凝练的语言很吸引人，但当时他刚开始尝试剧本写作，技法尚不成熟，读起来更像一部小说，这可给舞台表演出了难题。李伯钊院长决心请师范大学文学院院长焦菊隐出山一试。

焦菊隐生于 1905 年，是一个脾气很古怪的人。他

焦菊隐

精通七国语言，什么事情都要求完美，而且非常勤劳，非常尊重艺术。他曾担任北平戏曲专科学校校长、国立戏剧专科学校教授。到人艺当导演，对焦菊隐来说意味着放弃安稳体面的工作，他本来犹豫不决，可是一看到《龙须沟》剧本，直觉告诉他：这就是自己一直期待的绝佳艺术实验田。再一看演员，都是新人，宛如一张张干净的白纸，可以随意涂抹，这更使焦菊隐下定了决心。

北京人艺全体同志为能请到焦菊隐这位学贯中西的大师来导演《龙须沟》而欢欣鼓舞。

如果说首都剧院是老人艺们登台献艺的第一线，

那么史家胡同 56 号大院则是他们的大本营。《龙须沟》剧本的二度创造艺术工程就是从这座大院里启动的。就在这座院落里，焦菊隐闭门谢客七昼夜，理出《龙须沟》舞台演出脚本。很快地建立了《龙须沟》剧组，公布了职演员名单。

助理导演：金犁、凌琯如；舞美设计：陈永祥、江里、黄群；演员：于是之饰程疯子，韩冰饰程娘子，杨宝琮饰丁四，叶子饰丁四嫂，黎频饰王大妈，李晓兰饰王二春（A），李滨饰王二春（B），郑榕饰赵老头，罗式刚饰冯狗子，李大千饰刘巡长，英若诚饰刘掌柜，韩象治饰人民警察……

演员们在导演焦菊隐的精心指导下认真分析研究剧本，焦菊隐把剧组拉到北京南城沟沿儿贫民区体验生活，演员每天都要将心得体会写在日记本上，交导演批阅，与导演沟通交流。剧组成员们光体验生活就进行了两个多月。

进入排练场后，每个演员都要编写角色自传，做生活小品，不断为所扮演的人物的思想、性格和外部动作捕捉合情合理的依据。在排练过程中，焦先生指导演员们准确地把握了对角色的内心视像与外部动作的有机结合，使之逐渐塑造出性格鲜明活生生的人物形象。在焦菊隐的严厉监督下，剧组人人敬业，戏排得非常认真。

功夫不负苦心人，话剧《龙须沟》演出后，轰动

史家胡同 SHIJIAHUTONG

《龙须沟》剧照

京城，受到广大观众好评，为北京人艺奠定了现实主义
艺术风格的基石。

5. 新人艺

1951年年末文化部提出了文艺团体专业化的要求，
改变过去文工团的综合性宣传队的性质，逐步建立新中
国的剧场艺术。为此，文化部与北京市委磋商，拟将原
北京人艺各团与中央戏剧学院附属各团统一归文化部领

导，建立专业化剧院。北京市委书记彭真同志明确表示，"歌剧、舞蹈、乐团等都交文化部，北京就要一个话剧团"。文化部领导随后讨论决定，将"老人艺"话剧团与原中央戏剧学院附属话剧团合并，建立一个隶属于北京市的专业话剧院，并由著名剧作家、原中央戏剧学院副院长曹禺担任院长。这个决定报请政务院周总理批准。

关于新建专业话剧院的名称，经各级领导研商，因原北京人民艺术剧院在国内外已有影响，建议仍沿用此名，报请北京市委批准。

新建的北京人民艺术剧院成立大会，于 1952 年 6 月 12 日晚 7 时在史家胡同 56 号大院里召开。会场就设在庭院中，在庭院的一端摆放了几张铺着白布单的条桌和木椅，作为主席台。本院职工列队坐在一排排的马扎儿上，面向主席台。在主席台就坐的有北京市副市长吴晗，市委宣传部副部长廖沫沙，北京市文联主席老舍，中央戏剧学院院长欧阳予倩，副院长李伯钊、张庚，原中央戏剧学院副院长、著名剧作家曹禺，原北京人艺副院长焦菊隐、欧阳山尊，原中央戏剧学院歌剧团副团长赵起扬等。

吴晗代表北京市政府宣布批准北京人民艺术剧院成立；宣布任命曹禺为院长、焦菊隐、欧阳山尊为副院长，赵起扬为秘书长。

廖沫沙代表北京市委指出：北京人艺的建设和发展，

要沿着我们国家的建设和发展方向前进。我们艺术作品好坏的标准要以毛主席《在延安文艺座谈会讲话》精神来衡量。在艺术创造上不能闭门造车，文艺工作者要经常到实际生活中去，与群众紧密结合，与现实斗争紧密结合。大家共同努力一定要把北京人民艺术剧院建成一个崭新的剧院，演出好戏来，成为一个有雄厚基础的剧院。

6.确定方向的42小时

新北京人民艺术剧院建院初期，院部设在史家胡同56号，院长办公室设在东跨院的三间大北房内。院长曹禺、副院长焦菊隐及欧阳山尊、党组书记赵起扬这

左起：曹禺、焦菊隐、欧阳山尊、赵起扬

　　四位新上任的院级领导，就在这个院长办公室室办公。他们首先围绕着怎样办好北京人艺这所专业话剧院的大题目开了 7 天会，每天上午谈 3 个小时，下午谈 3 个小时。这 42 个小时实际上决定了北京人艺的发展方向。

　　他们认为：我国话剧运动的主流一直是伴随着民族、民主革命斗争发展成长的，并始终是扣紧时代脉搏，与国家和人民的命运息息相关的。这是中国话剧的光荣战斗传统，新建的北京人艺一定要继承和发展这种优良传统。

曹禺、焦菊隐等在海棠院接待苏联专家

在北京人艺建院前，曹禺与欧阳山尊都刚刚从苏联和欧洲出访归来，带回不少见闻。焦菊隐年轻时曾留学法国攻读戏剧，曹禺在解放前曾赴美国讲学。这次他们互相讲了一些自己所了解的法国、美国、德国、英国戏剧团体的情况，但谈的最多的还是苏联莫斯科艺术剧院。因为他们认为，莫斯科艺术剧院是世界上第一流水平的话剧院，它有着悠久的历史，有一批优秀的保留剧目，对艺术生产有较完整的管理制度。莫斯科艺术剧院各个方面的好经验都是值得新建的北京人艺学习、借鉴的。但他们一致认为，学习和借鉴绝不是生搬硬套、依样画葫芦。因为我们剧院是中国的北京人艺，我们的祖国历史悠久，具有丰富宝贵的民族文化遗产，在艺术上我们必须要重视对民族传统文化的学习、吸收、运用。对于这个问题焦菊隐先生领悟最深，因为他过去曾办过戏曲学校，多年来专心致志研究过戏曲艺术，他说话剧民族化是一个很大的课题。

最后他们确定"要把北京人民艺术剧院办成像莫斯科艺术剧院那样有世界一流水平，而又具有中国民族特色、现实主义风格的话剧院"。

7. 住在大院里的大家

史家胡同 56 号这个院子比较深，跨越史家胡同和干面胡同，共有三层院落，刚从史家胡同进来的这重院落，大部分住的是演员。人艺的领导赵起扬、焦菊隐还

话剧《蔡文姬》剧照

有几个大导演、大演员，例如，刁光覃、朱琳、叶子、夏淳，还有从美国回来的赵蕴如，他们都住在往南进深的院子里。

那时候，因为大家都住在一个大院里，所以就像一家人一样。著名演员金雅琴说："有时候晚上散了戏都十二点多了，我都挨家去串门，不回家，因为我爱热闹。"

那时候首都剧场还没盖起来呢，因为没有排练厅，人艺就向上级申请在这个院子里盖了一个排练厅。排练厅就等于一个小型剧场，现在来看也是很正规的，搞小型演出没问题，有舞台，有灯光设施，装300人都可以。但是观众席都是临时摆椅子，没有固定的座位。人艺有些戏就是在那儿排的，比如《骆驼祥子》，就是梅阡导演根据老舍的小说改编，自己担任导演，由舒绣文演虎妞，由李祥演祥子。只可惜，后来这个排练厅拆了，位置就在现在的大院2号楼宿舍的位置。

当年人艺的班底，有三大编剧：郭沫若、老舍、曹禺；四大导演：焦菊隐、欧阳山尊、夏淳、梅阡；演员有舒秀文、朱琳、黄宗洛、叶子、英若诚、于是之、蓝天野、朱旭、林连昆……有些演员在解放前就已经很有名了。

老舍与郭沫若、曹禺的剧作，从人艺创立至今，始终是镇院之宝，以至于人们把人艺被称为"郭老曹剧院"。这些导演、编剧、演员都曾经在史家胡同56号院里工作、排练、居住过。

比如，舒绣文早在解放前的大上海就名声大噪了，她是20世纪40年代上流阶层喜欢的偶像。人们提起舒绣文，总有一种如丝般滑过的感觉。而今，舒绣文住进人艺大院宿舍，每当她从胡同里走过，许多人都会不由自主地驻足观望，她的魅力似乎是由骨子里散发出来的。

8. 大院里的孩子们

史家胡同由于住的文化名人和政治家比较多，所

舒绣文

以家家户户基本上是关着门生活，总的来说比较安静，不像那些大杂院较多的胡同。在这条胡同最闹、最淘气的要数人艺大院儿里的孩子们了。这些孩子们从小就熟悉人艺的叔叔、伯伯、阿姨，在他们的眼里丝毫没有对大艺术家的仰望，因为太熟了。而且，这个院儿里的氛围也是特别，大人跟孩子之间没有太多的界限，总在一起开玩笑，平起平坐。这院儿里的孩子个性也都比较张扬，比较"犯上"。

1956 年，在周总理的关怀下，首都剧院和人艺宿舍楼先后建成。史家胡同 20 号里的宿舍楼，厨房和厕所都是公用的。

在这个大院里住的金雅琴说："我的老伴牛星丽，脾气跟我相反，爱安静，所以我就把他搁家里，我自个串门去。我到十二点多以后才回来睡觉。那时候睡觉很晚，起码一两点钟才能睡。直到现在我目前88岁了，不到一点钟睡不了觉，因为几十年养成的习惯，在大院里都像一家人，关系都非常好，有什么困难都互相关心，互相帮助。我女儿因为工作忙来不及管我的外孙子，她把孩子就交给朱琳了。朱琳就帮助她看孩子，那可是大演员啊！"

金雅琴跟居委会关系比较密切。来居委会开会的好多居民都是老太太，这些老太太跟金雅琴关系都非常好。因为金雅琴是演员，要跟她们搞好关系，从她们身上体验生活，积累生活素材。

9. 总理来访

1957年春夜，周恩来总理接见完来访的泰国艺术团后，兴致不减，执意步行去人艺宿舍楼看看，总理说："白天我不方便在街上走，夜晚还不给我点自由啊。"周恩来总理对北京人艺是非常支持和关心的，几乎每部戏都来看，而且每部戏正式开演之前他都要开座谈会。他不但对剧目要求严格，而且对演员的生活也很关心。周总理一路走过来，还碰到环卫工人在扫地，总理还跟他聊了两句，当时这个环卫工人就惊住了，不是说首长一出来就戒严吗？完全没有，总理就像普通人一样！

周总理有说有笑地来到了史家胡同56号大院。金雅琴看到后怕男生宿舍太乱，就特别着急地跑到男生宿舍，说："林连昆你们快起来吧，总理来了!"可林连昆根本不信："说的什么呀，总理能上这儿来吗?"可话音没落，总理已经走到这个门口了，林连昆"哗"的一下穿上裤子站起来，站到那，特别慌乱，特别惊讶。

由于这个院子周总理来过，所以住在这个院儿里的孩子也都特别自豪。尤其是跟总理照过合影的那些孩子，动不动就把他们的照片拿出来，给大家看，显摆显摆。

总理仅《雷雨》就看了好几遍。有一次演员朱琳在戏中漏了一个字的台词，总理回去后就让邓颖超去电询问咋回事。可见总理对此剧之熟悉。

10."文化大革命"中的人艺大院

"文化大革命"期间，人艺大院里也挺热闹。舒绣文在院里被批斗，造反派把她的香水瓶都打碎了，搞得满胡同都香啊。那时候，满胡同的居民都出来去闻她那香水的味道。

在那个动乱年代，焦菊隐的全家被轰出了人艺大院，焦菊隐被安置在临街不足8平米的一个小黑屋里看传达室。

为了做好看传达室的这份工作，焦菊隐特意买了辆旧自行车，每当传达室来电话找人，他就立刻登上自行车到院儿里去喊人。看来，焦菊隐就连看传达室这份工作都想做好。

　　焦菊隐的夫人和孩子每周六可以来看他，住一宿，周日再走。望着这个院儿里一帮男孩们，在院子里的假山上嬉戏、在空场上放风筝、钻防空洞玩儿地道战、摘取院儿里的核桃、柿子，焦菊隐的儿子只能是默默地注视着他们，心里好羡慕啊！

　　人艺大院儿的演员张瞳的爱人邱钟慧曾是世界女子乒乓球冠军。他们住在这儿的时候，庄则栋经常来。庄则栋一来，这个院儿里的男孩就跟疯了似的，追着跟他打乒乓球。

　　焦菊隐的祖籍是绍兴，所以他喜欢喝一点儿黄酒。可当时北京没有什么好的黄酒，他就让儿子去药房买半斤黄酒，完了再去副食店买一瓶中国红。最后给儿子剩三分钱，买一个山楂丸，说这样对消化好。

　　那时候去南小街给父亲买酒，焦菊隐的儿子会觉得要走好远好远。可事隔几十年，当他从国外回来再回到史家胡同的时候，就觉得这胡同怎么变得这么窄这么短，也许是因为自己长大了吧。

　　焦菊隐的儿子再回到这个20号院，还是觉得非常地亲，好像自己没有离开这几十年一样，依偎在自己的出生地。虽然那个院子变化特别大，大核桃树没了，排练厅变成了楼房。防空洞和小土山也变成楼房，后面的院子也被违章建筑盖满了，没有一点儿以前的那种宽松和文化的气息，院子里住的人也都非常杂了，但是整个院子对他来说还是一种家的感觉。

以前，最里面的焦菊隐曾住过的那个小院儿，而今已没有插足之地，但是房子还在，焦菊隐曾经值守过的传达室小黑屋也在，只是许多痕迹已经是面目全非了。焦菊隐作为北京人艺的创始人、一个弘扬中国传统文化的先驱者，他给人艺留下了很多财富，但是给子女却没留下任何东西。作为一个导演，他所留下的这些遗产全都奉献给了北京人艺，奉献给了中国的话剧事业。不知将来能否在他故居的基础上建个纪念馆，给他一份最起码的尊严和尊重呢？

11. 人艺大院的环境变迁

1976年地震的时候，北京也晃荡得比较厉害，人艺大院里的人也都跑了出来，看着房子来回摆，心里害怕极了。后来政府给各家发了一些抗震物资，让大家在院子里搭抗震棚。那时候人艺大院的邻居们还苦中作乐，全院儿的人都凑到一起了，天南地北，海阔天空，聊起来了。

地震之后，再加上北京胡同中的煤气改造，使得这座院落里住平房的居民大都搞起了私搭乱建，院落里的小煤棚、小厨房把过去比较规整的院落一点点地蚕食掉了。"海棠院儿"早已没有了生气。而今，几进的四合院也成了大杂院。在今天的人们看来，破坏古都风貌的行为实在令人反感，尤其对北京历史院落的破坏，其

人艺大院内的楼房

实这种破坏不仅仅是由拆迁造成的。

1980 年，人艺将大院里的排练厅和后花园拆除了，增建了家属楼，而今，家属楼的墙壁上长满了爬山虎。

12. 人艺大院与胡同的链接

史家胡同里的人相互接触，大部分是通过居委会创造的机会。金雅琴与原外交部副部长王炳南夫人姚淑娴的交往就是这样。那时候，王炳南已经去世了，姚淑娴有时候参加居委会组织的活动，金雅琴与姚淑娴就是在这里认识的。姚淑娴知道金雅琴是演员，就跟她聊天，发现俩人很谈得来。姚淑娴就多次邀请金雅琴到她家里去玩儿。金雅琴说："姚淑娴的大院子很漂亮，还有葡萄架什么的。另外她喜欢画画，有个画室，她画得非常好。除了请我去看她画画，还跟我谈表演。在这个胡同里头，我们俩关系挺好的。"

史家胡同 56 号院，现今的 20 号院，这里曾经承载了老一辈人艺人的追求和青春梦想，这里曾经饱含了艰辛与成功，这里是北京人艺现实主义艺术的最初阵地，这里是北京人艺梦开始的地方。

史家胡同 20 号院就像一本厚书，记载着新中国话剧史上最辉煌的篇章，在人艺老邻居们的记忆中，那些走下舞台的艺术大师们个性鲜明、情感丰富，丝毫不亚于他们在舞台上塑造的角色。史家胡同 20 号时期的"北京人艺"创作的作品堪称经典，而他们的故事更是千古绝唱，至今余音绕梁，绵延不绝。

在人艺大院氛围的影响下，史家胡同的文艺团队也非常活跃。口琴队可以达到国家水平，还有歌唱团、舞蹈团、太极拳表演队。

在人艺老演员的帮助下，居委会成立了"老北京吆喝"表演队，并编排了"叫卖组曲"。人艺在这里居住的一些老演员也加入其中。有时居委会院儿里就会传出"茄子黄瓜加扁豆，还有辣尖椒"的吆喝声。更上口的还有"雪花酪，好吃多给拉两刀，让你尝来你就尝啊，冰糖桂花往里头攘啊，让你喝来你就喝啊，冰糖桂花就往里头搁，雪花酪，好吃多给拉两刀"。大家有时会琢磨，到底是人艺的演员融入了胡同，还是胡同里的居民入戏到了人艺的表演中呢？

人艺的老演员牛星丽总说的一句话就是："人活着一辈子要多做一些有意义的事。"什么叫"有意义的事"，牛星丽没有解释。后来大家揣测，可能就是他们自己喜欢的这份事业，干得这么投入就是有意义的事。

四、胡同博物馆的筹建与开放

1. 对胡同建档的呼吁

跟史家胡同的老居民聊天，胡同里的大爷大妈们常呼吁：胡同里的历史档案应该赶快建立起来。老人们一代一代的都会过世，有好多东西没留住。现在看到有许多历史价值很高的东西都是外国人记录的，咱们自己倒没有记录。

老人们说：1950 年，史家胡同的路面还是坑坑洼洼的，当时没有现在的柏油路，路面上有的只是很多石子儿，大概是因为很长时间没人去维护它了，所以不平。1954 年，史家胡同把路面都翻出来，然后由施工

的气碾子，用蒸汽作动力，铺上沥青石子儿以后，一直
从东压到西，再从西压到东，来回几次。这样一个庞
然大物开过来，开过去，"哧哧"地一直叫，声音特别
大。这是史家胡同 50 年代比较大的一次变化。他们还
说：史家胡同老门牌 30 号，1965 年以后的门牌为 86 号，
位于胡同西口路南，是正宗定兴县人开的祥泰煤铺的旧
址。现在已经被新建的西洋高楼建筑所淹没了……这条
胡同过去非常安静，很少有人，也很少有车，看见汽车
都觉得新鲜。当听到老人们回忆起恍然逝去的时光，真
是让人有感于换了人间。

2. 史家胡同博物馆的建立

有了居民们愿意保护史家胡同历史风貌的意愿，
又有了东四以南文化遗产保护区的概念，朝阳门街道办
事处在相关专家的参与下，开始筹划在史家胡同建立一
座能够反映史家胡同历史文化的博物馆。

在史家胡同一座座古色古香、精美雅致的深宅大
院里，多少曾经叱咤风云的历史人物在此度过了他们不
平凡的岁月，他们的兴衰荣辱，他们的悲欢离合，总与
家国命运、民族荣辱深深地交织在一起，那一扇扇朱漆
大门上斑驳的油彩和影壁墙上渐渐褪色的丹青，曾记录
着他们昨日的辉煌与荣耀，映出的正是这个民族历史脉
搏跳动着的真实节奏。

而今，在史家胡同 24 号院建起的这座博物馆，是

史家胡同博物馆展厅

由英国王储慈善基金会出资修缮的，她已是北京市的第一家胡同博物馆。所陈列的内容不仅有这条胡同的历史文化，还有这座院落原主人及家庭的纪念陈列，再加上社区图书馆，基本实现了博物馆所必备的收藏功能、研究功能和开展社会教育的功能。尤其是她在喧闹的城市中所起到的降噪功能，更为可贵！虽然史家胡同博物馆挂牌在史家胡同24号，但无论是从事这项事业的人，还是到此来参观游览的人，都会把整个史家胡同看作是一座博物馆。

3. 居民议事厅　探索解决史家胡同的问题

设立在史家胡同博物馆内的多功能厅现在已成为人们在此听讲座、搞文化活动的重要场所。同时，这里的学术氛围也同样浓郁。居民与专家的互动交流也很活跃，经常会起到居民议事厅的作用。居民们与社区管理者、专家等探讨一些有关史家胡同发展建设的话题也常常在这里进行。大家关注的话题主要围绕胡同的交通问题、居住问题以及胡同风貌的保护问题，等等。

史家胡同博物馆院内

　　同北京的其他胡同一样，史家胡同内的交通问题也很严重，道路南侧停满的车辆，占据了胡同道路的一半，道路的另一半还要行驶机动车，行人在路上的安全感很差。有人提出，如果能将胡同内的马路与路牙垫平，即能扩展胡同的宽度，又能为营造座椅、花坛等人文景观和休闲场地提供空间。还有人提出，现在史家胡同内道路两侧的电线杆较多，网线密集，有碍观瞻。能否将这些电信电缆入地，同时将铺装在路面下的天然气管道，引入百姓生活的院落中，再在街面上安装与胡同整体风貌相协调的照明设施。更有人提出，能否采取错时停车或在其他地方消纳停车的措施，使史家胡同成为机动车缓慢行车、限时出入、禁止停车的街巷，等等。

　　史家胡同内的大杂院现象也很普遍。有专家建议对胡同内的四合院和其他历史信息较多的建筑进行适当、合理的修缮，同时开发出一些院落，为体验胡同文化生活的广大游客提供参观、餐饮、住宿等服务。同时，力争在政策上有所突破，鼓励个人以独资、合资、合作等多种方式，多途径改善四合院的环境，不但能够为区域经济发展创造出多元化的经验，还能够为解决地区居民的就业问题带来新的机遇。

　　有专家建议，应该学习借鉴日本的奈良和东京都的经验，对于一些历史建筑物，哪怕是私人的，国家也会拿出一笔钱提供保护、修缮。还有专家提出，胡同内的历史建筑物应该得到系统的保护，例如，可以在史家胡同西口恢复清乾隆图上标有的牌坊，强化胡同的整体感和历史感。对于史家胡同的将来，大多数居民则不希望它过度地商业化，希望它能多保留些历史文化的载体，给孩子们、给子孙们多留下一些文化遗产。

总之，人们认为，史家胡同是一条文化色彩浓郁的街巷。今天的史家胡同，就像一位白发苍苍的母亲，期待着儿女们的关照。如何借鉴国内外的先进经验，保护史家胡同的历史文化风貌，将成为今后一段时间常态化的课题。

一条胡同，一个社区，传统的史家胡同、洋味的史家胡同、古老而又现代的史家胡同，就像是一个社会的缩影，涵盖了政治、军事、文化、民生等方方面面发展和变迁故事。细细品味，各种滋味尽在其中。我们相信史家胡同将会以优雅恬静的传统风貌融入到世界城市的行列中。